D1664609

Inge Friedl

Wie's g'wesn is

Vom Leben auf dem Land

Inge Friedl

Wie's g'wesn is

Vom Leben auf dem Land

:STYRIA

2. Auflage

Klappenbild Autorin: Foto Atelier Gabi Moser, Graz
Umschlaggestaltung und Innenlayout: malanda-Buchdesign, Andrea Malek, Graz
Repro: Look@Piculjan, Graz
Projektbetreuung: Anneliese Kainer
Lektorat: Konrad, Graz
Druck und Bindung: Druckerei Theiss GmbH, St. Stefan im Lavanttal

ISBN 978-3-222-13249-0

Inhaltsverzeichnis

Einleitung

Dieses Buch ist ein Buch der Erinnerungen. Ein Buch, das an die alte bäuerliche Kultur und Lebensart erinnern soll, die um die Mitte des vorigen Jahrhunderts allmählich verschwand.

Der Soziologe Roland Girtler behauptet, dass sich seit der Jungsteinzeit, also seit über 5000 Jahren, als der Mensch sesshaft und zum Bauern wurde, in unseren Breiten nicht so viel geändert hat wie nach dem letzten Krieg, vor allem in den 50er- und 60er-Jahren des 20. Jahrhunderts. Wenn das wahr ist – und ich zweifle nicht daran –, dann gibt dieses Buch Einblicke in eine uralte, langsam gewachsene Kultur und in die Vielfalt des traditionellen bäuerlichen Lebens, zeigt aber auch den Wandel, der mit dem „ersten Traktor" und mit der Elektrifizierung Einzug gehalten hat. Jahrhundertelang hatte sich die bäuerliche Arbeitsweise nur wenig verändert. Wirklich „alles anders" geworden ist alles erst vor 50, 60 Jahren.

Es soll hier kein romantisches Bild der „guten alten Zeit" gezeichnet werden, sondern die Vergangenheit soll einfach so dargestellt werden, „wie's g'wesn is". Dabei wird kein Anspruch erhoben, eine Volkskunde des bäuerlichen Lebens vorzulegen oder den bäuerlichen Jahrlauf vollständig darstellen zu wollen. Geschichten vom „Heatrager" und vom „Sauschlachten" finden genauso Platz wie die Bräuche auf einer Bauernhochzeit oder die Schilderung eines langen, anstrengenden Tages zur Zeit der Heumahd.

Wir blicken zurück auf eine Zeit, in der auf den Bauernhöfen reges Leben herrschte. Neben der „Muatta" und dem „Vata", der Bäuerin und dem Bauern, und ihren meist zahlreichen Kindern lebten noch die Mägde und Knechte und deren Kinder, allerhand Onkel und Tanten der Bauersleute und die Großeltern am Hof. Ein Betrieb ohne Maschinen benötigte viele und, es sei nicht verschwiegen, billige Arbeitskräfte.

Als Karl Brodschneider im „Neuen Land", der Wochenzeitung des Bauernbundes, die Leser dazu aufrief, alte Fotos einzusenden, war das Echo überwältigend. 1400 Bilder, die das Leben am Land „wie's g'wesn is" dokumentieren, wurden uns für dieses Buchprojekt zur Verfügung gestellt. Wahre Schätze sind darunter, um die uns jedes Bildarchiv beneiden würde! Karl Brodschneider ordnete und sortierte die Bilder – 13 prall gefüllte Ordner sind es geworden –, meine Aufgabe war es, den Text zu schreiben.

Welch ein Glück, dass noch Menschen leben, die selbst Flachs gebrechelt und mit der Hand Getreide gedroschen haben, die noch wissen, was ein Brautkasten und was ein Störweber ist. Mit großer Freude habe ich mich zu einigen Fahrten durch die Steiermark aufgemacht und Bauernhöfe von Schladming bis Eibiswald, von der Veitsch bis in die Krakau und bis Strallegg besucht. Ich möchte hier all jenen danken, die sich Zeit genommen haben und mit mir die Erinnerungen an frühere Zeiten geteilt haben. Der Altbauer Maximilian Burböck aus der Gaal erzählte in seiner ruhigen Art sehr präzise und packend, mitunter auch humorvoll aus seinem Leben. Ich staunte über die klaren Erinnerungen der 95-jährigen Altbäuerin Ottilie Fischbacher aus Rohrmoos, die trotz ihres schwindenden Sehvermögens bei guten Kräften ist und mir – aus dem Gedächtnis – ein Herbergslied aufgesagt hat, das sie in ihrer Jugendzeit beim „Anglöckeln" gesungen hat. Maria Ellmeier aus Stanz im Mürztal schilderte mir sehr lebendig das Bauernleben mit Pflug und Ross, durch ihre anschaulichen Berichte ermöglichte sie es mir, echte Zugänge zur bäuerlichen Vergangenheit zu finden. Seit ich beim vulgo Sonnleitner in der Veitsch mit der 86-jährigen Adelheid Fladl und der 85-jährigen Ottilie Fraiß zusammengesessen bin, weiß ich um das „Bratlschießen" zu Ostern und vieles mehr Bescheid. Anton Spreitzer aus St. Georgen ob Murau erzählte mir von der mühseligen Arbeit des Zaunmachens und vom ersten Traktor. Die Altbäuerin Adelheid Pöllabauer aus Gasen wusste die Geschichten aus ihrer Kindheit und Jugend so zu erzählen, als ob es gestern gewesen wäre. Anna Kandlbauer vulgo Wurzwallner aus Strallegg erklärte mir viel Wissenswertes zum Thema Flachs, Brecheln und Spinnen. Maria Pastolnik aus Wuggitz verdanke ich eindrucksvolle Erzählungen zum Thema Altwerden und Sterben, aber auch alles über den „Woaz" und das „Woazschälen". In Kainisch bei Bad Aussee nahm sich Mathilde Wachinger Zeit, um vom alten Leben zu erzählen, von den Ochsen und den Rössern, von der Heuarbeit und vom Dengeln, aber auch – und dafür sei ihr besonders gedankt – von der „Liab", vom Zusammenleben der Jugend, von den Buam und den Dirndln, die gar nicht so leicht wie heute „zusammenkommen" konnten. Schließlich danke ich noch der Grundnerin, Aurelia Autischer aus St. Georgen ob Murau, dass sie ihre Erinnerungen mit mir geteilt hat, und ihrer Tochter Maria Berger, die mir vieles klug und einfühlsam erklärt hat.

Diese Fahrten öffneten mir auch wieder neu die Augen für die landschaftlichen Schönheiten der Steiermark, von der Weinebene im Süden über das Oststeirische Hügelland bis zu den Schladminger Tauern und dem wunderschönen Murtal. Nicht zuletzt war diese Reise auch eine kulinarische Rundreise: Was ich auf den steirischen Bauernhöfen aufgetischt bekommen habe, war auch ein Querschnitt durch die Spezialitäten, die dieses Land zu bieten hat.

Möge dieses Buch all jenen Freude bereiten, die die alte Zeit entweder noch selbst miterlebt oder die ganz einfach Freude daran haben, sich vom alten bäuerlichen Leben erzählen zu lassen.

Inge Friedl

Ein Sonntag am Land

Sonntags sind alle zu Fuß in die Kirche gegangen, da trafen sich die Nachbarn, und es wurde über die Arbeit geplaudert. Am Nachmittag kamen die Leute wieder zusammen und verbrachten fröhliche Stunden. Das gab ihnen Zufriedenheit und Kraft für die kommende Woche. Die Zeit damals war friedlich und ruhig, es gab keine Hektik!

Mit wenigen Worten beschreibt eine Landwirtin aus Riegersburg einen gemächlichen Sonntag am Land. Der Tag des Herrn war der einzige Tag in der Woche, der weitgehend frei von Arbeit war. Die Stallarbeit musste natürlich gemacht werden, aber dennoch war eine feierliche Ruhe spürbar. Der Sonntag war noch ein wirklicher Sonntag, ein Tag der Ruhe und Erholung und auch ein Tag des Zusammenkommens und der Unterhaltung.

Der sonntägliche Kirchgang war eine Selbstverständlichkeit und wurde nicht in Frage gestellt. Die Frühmesse besuchten jene, die später das Mittagessen zubereiteten, die Spätmesse diejenigen, die am Morgen noch im Stall zu tun hatten. Manchmal wechselten sich die Knechte ab. Wenn der eine zum Kirchengehen dran war, musste der andere, der daheim geblieben war, den Rosenkranz beten. Die Mehrzahl der Bauern fühlte sich verantwortlich, ein gutes christliches Haus zu führen, und sorgte dafür, dass alle, Kinder und Gesinde, die Messe besuchten. Der Sonntag war heilig, es galt als Sünde, dem sonntäglichen Gottesdienst aus eigener Schuld und absichtlich fernzubleiben.

Den Gang in die Kirche legte man meist zu Fuß zurück, und so ergab sich immer wieder ein Gespräch oder eine kleine Plauderei mit den Nachbarn. Viele hatten den gleichen Weg, man traf einmal den einen, dann den anderen und hatte während des Gehens ausreichend Zeit zum Reden. Nach der Messe hatte es niemand eilig. In kleinen Gruppen stand man beisammen und tauschte Neuigkeiten und wohl auch so manchen Dorfklatsch aus. Die Dirndln und die Buam hatten eine der seltenen Gelegenheiten, sich gegenseitig zu mustern und kennen zu lernen, Bauern von abgelegenen Höfen konnten einmal in der Woche „unter die Leut" gehen, und vor allem konnte man über das Wetter und die Arbeit fachsimpeln. Wer nicht nach Hause musste, kehrte noch beim Kirchenwirt ein und gönnte sich eine gemütliche Stunde.

Eine Bäuerin aus der Obersteiermark: *Gegessen haben wir höchstens eine Suppe, und getrunken haben wir nur ein Safterl. Auch die Buam haben nur Saft getrunken, nein, da hat fast niemand Alkohol getrunken. Das war Ende der 20er-*

Jeder Sonntag begann mit der Messfeier in der Kirche. Josef Moser, der Handlbauer, mit Sohn und Tochter im Sonntagsstaat nach dem Kirchgang.

Familie Moser aus Krakauebene

Nach der Kirche ging, wer nicht nach Hause musste, ins Gasthaus.

Familie Spreitzer aus St. Georgen ob Murau

Die Arbeit der Bäuerin am Sonntagnachmittag war das Ausbessern und Nähen von Wäsche und Kleidung.

Familie Fladl aus Veitsch

Jahre. Höchstens ein Schnapserl hat man nochitrunken, aber nur ein kleines. Und dann war es eh schon Zeit zum Mittagessen. Denn zu Mittag haben alle pünktlich daheim sein müssen!

Nudelsuppe, natürlich mit selbst gemachten Nudeln, danach ein guter Schweinsbraten und noch eine Nachspeise, etwa ein Kompott, ein Pudding oder ein Koch – so oder so ähnlich sah die Kost am Sonntag aus.

Noch vor dem Mittagessen wurde das Sonntagsgewand ausgezogen und das Nachmittagsgewand angelegt, denn schließlich besaß man nur ein einziges „besseres Gwand" und wollte dieses so gut wie möglich schonen. Streng unterschied man zwischen Alltagsgewand und Sonntagsgewand. Die Sonntagskleidung wurde besonders gepflegt und hielt oft ein Leben lang. Viele Männer wurden in ihrem Sonntagsanzug begraben.

Die Sonntagnachmittage waren die einzige Freizeit der bäuerlichen Bevölkerung, nun konnte man sich den Dingen widmen, für die man sonst keine Zeit hatte. Die Männer saßen beieinander, spielten Karten und tranken vielleicht Most. Die Frauen flickten die Wäsche oder beschäftigten sich mit einer Handarbeit. Es war ein ungeschriebenes Gesetz: *Am Sonntag wird genäht.* Ausnahmen bildeten nur der Ostersonntag und der Pfingstsonntag, denn man sagte, diese gehören dem Herrgott allein!

Maria Hochörtler aus Stanz denkt noch gerne daran zurück, wie viel früher gesungen wurde: Am Sonntagnachmittag sind die befreundeten Knechte auf einen Riegel hinauf oder in den Wald, um zu singen. Einer hat etwas erzählt, dann ist wieder gesungen worden, dann haben sie sich wieder unterhalten, einfach wie es gepasst hat. Das war sehr schön, denn auch aus der Ferne hast du das Singen gehört. Für die Männer war es einfach eine Freude, in der Natur zu singen. Natürlich haben sie gewusst, dass man das weit herum hört und dass alle sich darüber freuen!

Die Bäuerin berichtet noch über eine andere Freizeitbeschäftigung der Männer, das

Eisschießen am Sonntagnachmittag

Früher waren die Sonntagnachmittage viel gemütlicher als heute. Im Winter hat es als Unterhaltung hauptsächlich das Eisschießen gegeben. Fortgehen war bei uns sowieso nicht der Brauch, das haben wir nicht gekannt. Also war Eisschießen die Hauptveranstaltung im Winter. Am Tag davor hat man sich schon ausgemacht, zu welchem Gasthaus wir gehen. Der Wirt hat dann eine schöne Eisbahn gemacht, und es war ausgemacht, dass wir kommen. Darauf haben sich schon alle gefreut!

Es wurde zuerst ein Engmoar und ein Weitmoar bestimmt. Die beiden haben sagen können, wer schießen darf, und haben auch den Spielstand verkündet. Bei uns hat ein jeder seinen eigenen Eisstock gehabt, die Männer und die Frauen. Meiner war wunderschön verziert und mit meinem Namen versehen. Die Verlierer haben den Siegern die Getränke zahlen müssen. Dann ist schon ein bissl gschnapselt worden, und später ist es zum Tanzen gewesen. Eisschießen war immer sehr schön!

Ottilie Fischbacher, Rohrmoos

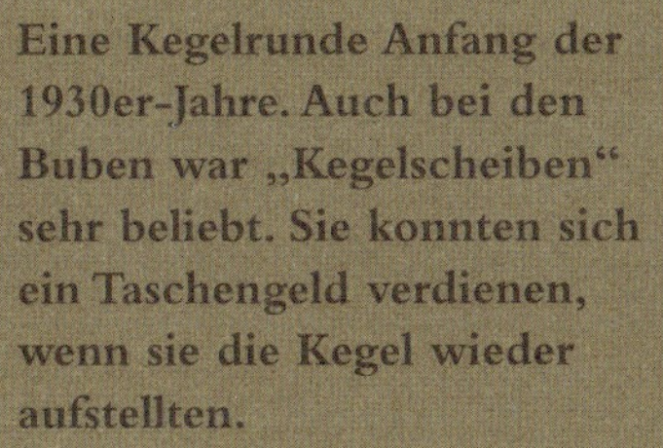

Eine Kegelrunde Anfang der 1930er-Jahre. Auch bei den Buben war „Kegelscheiben“ sehr beliebt. Sie konnten sich ein Taschengeld verdienen, wenn sie die Kegel wieder aufstellten.

Familie Spreitzer aus St. Georgen ob Murau

Immer, wenn diese drei begeisterten Sänger sich trafen, wurden alte Volkslieder angestimmt. Von links: Schuhmachermeister August Bart, der Bauer Jakob Posch und der Gastwirt Alfred Pfeffer.

Familie Fuchs aus Oberweg

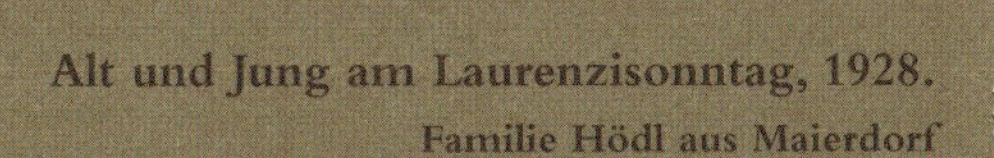

Alt und Jung am Laurenzisonntag, 1928.

Familie Hödl aus Maierdorf

„Schnalzen“: *Wir haben im Hof einen großen Erdhaufen gehabt. Da sind die Mannleut hinauf und haben geschnalzt. Die Höhe haben sie gebraucht, damit die Peitsche beim Schnalzen nicht auf dem Boden aufschlägt. Jeder hat sich seine Goaßl, seine Peitsche, selber gemacht, dann haben sie sich aufgestellt und geschnalzt. Wenn so ein richtiger Schnalzer entstanden ist, den hat man ganz weit gehört.*

Die Jugend „redete sich zsamm“ und machte eine Almpartie oder eine kleine Wanderung. Man traf sich mit den Freunden, ging spazieren oder im Winter Schlitten fahren und Eisstock schießen. Das „Eisschießen“ war ein beliebtes Vergnügen. Ein zugefrorener Teich war schnell gefunden, und so manches Gasthaus lockte mit einer gepflegten Eisbahn.

Schnell war so ein Sonntagnachmittag vorbei. Man richtete sich wieder auf eine neue Woche ein und schöpfte die Kraft wohl nicht nur aus den wenigen freien Stunden, sondern bestimmt auch aus der verlässlichen, sicheren Ordnung, die zumindest einen Ruhetag in der Woche unumstößlich festsetzte.

Der Sonntag war Freizeit – man konnte es sich, zumindest am Nachmittag, gut gehen lassen.

Familie Pastolnik aus Wuggitz bei Großradl

Die Jugend traf sich gern auf einer Alm. Hier im Jahr 1930 bei Musik, Gesang, Tanz und Spiel.

Familie Herk aus Kraubath an der Mur

Die „Pferdeflüsterer"

Ein schönes Ross war der Stolz eines jeden Bauern. *Damals, als wir noch die Tiere zur Arbeit brauchten, habe ich eine gute Beziehung zu den lieben braven Tieren gehabt. Auf ein schönes Gespann war ich so stolz wie heute auf einen neuen Traktor!,* berichtet eine 76-jährige Bäuerin. Die Verbindung zu den Tieren, besonders zu den Arbeitstieren Ochs und Pferd, war früher eine sehr enge. Vor dem Zeitalter der Mechanisierung der Landwirtschaft, also etwa vor 1960, gehörten sie selbstverständlich auf jeden Bauernhof: Als Zugtiere auf dem Feld, beim Holztransport, selbst bei Hochzeiten und auf dem letzten Weg zum Friedhof durften sie nicht fehlen.

Eine Landwirtin aus dem Mürztal: *An den Pferden hast du erkennen können, wie der Bauer ist. Wenn das Pferd nervös und aggressiv war, dann hast du schon alles über den Bauern gewusst!* Eine besondere Einheit bildeten der Rossknecht und sein Tier: *Die Rossknechte haben den Pferden damals noch Arsenik gegeben. Davon sind die Pferde zwar schön geworden, aber auch ziemlich aggressiv. So ein Knecht und sein Ross, das war ein Paar, da hat kein anderer hindürfen!*

Den Umgang mit den Pferden hat man von klein auf gelernt, später nur mehr sehr schwer. Einerseits wussten schon die Kinder mit Pferden umzugehen, andererseits lernten auch die Pferde, auf die Menschen einzugehen. Immer wieder hört man Berichte von Pferden, die am Feld gerade im rechten Moment stehen geblieben sind – und siehe da, vor ihnen saß ein Kleinkind. Die schweren Rösser ließen die Kinder geduldig unter sich durchgehen oder über sich drüberklettern. Eine Bäuerin bringt es auf den Punkt: *So wie die Kinder heute mit Computer und Moped aufwachsen, so sind wir früher mit den Pferden aufgewachsen.*

Als „Pferdeflüsterer" bezeichnet man heute Menschen, die besonders gut mit Pferden umgehen und sich sogar auf eine besondere Art mit ihnen verständigen können. Diese Fähigkeit haben ganz gewiss auch viele unserer alten Bauern besessen! Maria Ellmeier schildert die Schwierigkeiten, mit Ochs und Ross gemeinsam im Gespann zu fahren und mit jedem in „seiner" Sprache zu reden: *Das war das Schwierigste, weil ein Ochs ja viel langsamer geht als ein Pferd. Ich kann mich erinnern, unser Ochs hat „Heiß" geheißen und unser Pferd „Lady". Zum Pferd habe immer sagen müssen: „Langsamer, langsamer!", und zum Ochs: „Schneller, schneller!"* Das Pferd mit dem schönen Namen Lady schien besonders gelehrsam und einfühlsam gewesen zu sein: *Ich bin ja fast alle Tage mit der Lady gefahren, da habe ich sie dann nicht einmal mehr bei*

Ein solches „Transportfahrzeug" wie diesen Wagen gab es früher auf jedem Bergbauernhof. Für seine Herstellung war im Ort alles vorhanden: ein Wagner für die Räder, ein Schmied für die Beschläge und ein Sattler für das Riemenzeug. Den Aufbau besorgte der Bauer selbst, eingespannt wurden vorwiegend Ochsen, aber auch Pferde. Das Muli auf dem Bild war ein Kriegsteilnehmer mit vielen Narben, der als Zug- und Tragtier noch viele Jahre gute Dienste leistete.

Familie Bochsbichler aus Donnersbach

Pferde mussten schwere Zugarbeit leisten, hier beim Ziehen eines „Riesenblochs" beim vulgo Halmannerl in Trahütten, 1953.

Familie Krammer aus Trahütten

den Zügeln zurückhalten müssen, höchstens bei den Halftern. Zum Schluss habe ich nur sagen brauchen: „Langsam!“, und sie hat es sofort verstanden. Man hat einfühlsam sein müssen. Die Lady war überhaupt ein besonderes Pferd. Wenn der Vater sie bei einem Trauerzug eingespannt hat und sie den Sarg gezogen hat, dann ist sie wirklich richtig im Takt zur Musik gegangen!

Eine wichtige Rolle als Arbeitstiere spielten auch Ochsen. Das Anlernen der jungen Tiere war keine einfache Sache, manchmal sogar recht gefährlich, denn junge Ochsen waren recht „gschrackig“, ziemlich schreckhaft, wie ein älterer Bauer meinte. Schon ein Vogel konnte so ein Jungtier aufschrecken und schon war es auf und davon. Mit eineinhalb oder zwei Jahren wurde ein junger Ochse eingespannt, dann musste er drei oder vier Jahre arbeiten, eher wieder ein junger genommen wurde.

Eine Bäuerin aus Voitsberg erinnert sich gerne an diese Zeit: *Es war immer sehr schön, ein junges Ochserl oder eine Kalbin anzulernen. Ich liebte die Zugtiere sehr und habe der Mutter oft ein Saumehl gestibitzt und es meinen Tieren gegeben. Um ein Jungtier anzulernen, braucht man ein gewisses Können und Geduld und nicht nur die Peitsche, so wie es manche leider gemacht haben.*

Wie schon gesagt, entwickelte sich die Fähigkeit, mit den Tieren umzugehen, in der Kindheit und Jugend. Mathilde Wachinger, die mit Ochsen groß geworden ist, hatte ihre liebe Not mit den Pferden auf dem Hof ihres Mannes, sie sagt sogar, dass sie sich anfangs vor den „Ross“ gefürchtet hat. Nun stand sie eines Tages vor der unangenehmen Aufgabe, ein gerade erst neu gekauftes Pferd von dessen Heimathof weg durchs Tal hinunterführen zu müssen: *Da bin ich losmarschiert mit dem Pferd, Berta hat sie geheißen, war eh ein braves Ross, aber sie hat sich immer umgedreht, hat gewiehert und wollte nicht und nicht weitergehen. „Berta, gemma!“, habe ich immer wieder gesagt, „Berta, gemma!“. Und sie hat sich wieder umgedreht und wollte zurück. Und ich wieder nur: „Berta, gemma!“ Es hat lang gedauert, bis wir endlich unten waren.*

Nach diesen Schwierigkeiten mit dem Ross Berta folgten größere Probleme mit einem an und für sich gutmütigen, älteren Pferd: *Ein an-*

Der verwöhnte Ochs

Bei mir daheim haben wir nur Ochsen als Arbeitstiere gehabt. Deshalb war ich die Ochsen gewohnt und bin mit ihnen immer gut ausgekommen. Unseren Ochsen habe ich sogar ein bissl verwöhnt gehabt. Wenn ich mit ihm mit dem Milchwagen gegangen bin, ist er von Zeit zu Zeit stehen geblieben und hat gewartet, bis ich ihm sein Goderl kratze. Er hat mir den Kopf richtig hergestreckt und es genossen, wenn ich ihn gekrault habe. Nach einer gewissen Zeit habe ich gesagt: „So, Mandl, jetzt gehen wir wieder weiter!“ So ein Vieh mag es halt auch, wenn man ihm schön tut! In der Verlobungszeit hat mein Mann mir einmal diese Arbeit abgenommen. Jetzt bleibt der Ochs bei ihm genauso stehen und wartet, dass er gekratzt wird. Mein Mann hat sich nicht ausgekannt, er wollte ihn mit dem Stecken antreiben, dabei wollte der arme Ochs etwas ganz anderes!

Mathilde Wachinger, Kainisch bei Bad Aussee

Dieser gutmütige Genossenschafts-Deckstier war ein Spielkamerad der Kinder beim vulgo Hammer in Kainach bei Voitsberg. Die Aufnahme entstand Ende der 1950er-Jahre.

Familie Suppanschitz aus Judendorf

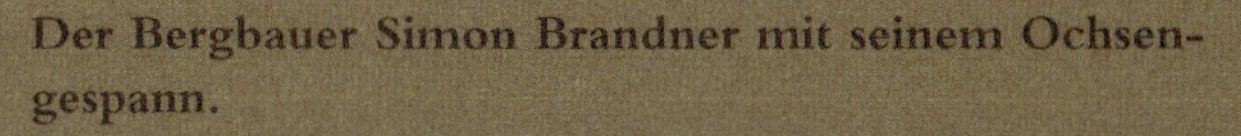

Der Bergbauer Simon Brandner mit seinem Ochsengespann.

Familie Brandner aus Fohnsdorf

deres Mal habe ich den alten Fuchs eingespannt, weil ich mir gedacht habe, mit dem habe ich kein Problem. Es war nur ein Kilometer nach Pichl, aber er geht nicht und geht nicht. Mit Müh und Not, dass wir hingekommen sind. Aber am Rückweg! Da rennt er und rennt, und ich habe gezogen und gezogen, und er lässt sich nicht bremsen. Ich habe Blut geschwitzt vor Angst. Dabei wollte er nichts als heim, nur hin zum Stall!

Die Arbeitstiere gehörten, wie der Getreideanbau, mit dem sie untrennbar verbunden waren, zur alten bäuerlichen Kultur. Ein Leben ohne Ochsen und Pferde wäre unvorstellbar gewesen, genauso wie mit den anderen Nutztieren verband den Bauern mit ihnen eine Schicksalsgemeinschaft. Zu den Pferden hatte man ein geradezu persönliches Naheverhältnis, noch nach Jahrzehnten erinnern sich viele an die Namen und Eigenschaften der jeweiligen Tiere: Berta, Bubi, Lady, Bam, Liaz, Blas und Roadl – sie alle haben nach wie vor ihren Platz in den Herzen ihrer ehemaligen Besitzer!

Die Hochörtlerkinder auf dem Rücken des braven Pferdes „Bubi".

Familie Ellmeier aus Stanz im Mürztal

Der Hufschmied bei der Arbeit. Seit die Pferde nicht mehr als Arbeitstiere eingesetzt werden, verschwinden auch die Dorfschmieden aus dem Ortsbild.

Familie Damberger aus Kindberg

„Wer's Fortgehen net aushalt', soll daheim bleiben!"

Wir haben zu Silvester bis in der Früh gefeiert, und dann sind wir gleich, ohne zu schlafen, in den Stall gegangen. Zur Mutter habe ich schnell gesagt: „Ein gutes neues Jahr!" So hat sie wenigstens nicht schimpfen können! Wenn Mathilde Wachinger aus Kainisch bei Bad Aussee aus ihrer Jugendzeit erzählt, betont sie aber, dass das „Fortgehen" für sie erst ab 18 Jahren möglich war. Ihre Eltern waren da sehr streng. *Einmal, nach einem Theaterstück, sind ein paar noch geblieben, ich aber bin brav heimgegangen, weil ich noch nicht 18 war. „Was bist du für ein Dirndl?", hat einer gesagt. „Wenn's mich in dem Alter angehängt hätten, zehn Ketten hätt ich abgerissen, und ich wär trotzdem fortgegangen!" Aber ich habe mit 18 noch genug erwischt. Ich habe nichts versäumt!*

Die alte dörfliche Welt kannte kein Fernsehen, kaum Radio und Kino und war vielleicht gerade deshalb reich an „Unterhaltungen" und harmlosen Vergnügungen. Allerdings waren Tanzveranstaltungen an bestimmte Zeiten gebunden. Nicht erlaubt war das Tanzen im Advent und in der Fastenzeit. Getanzt wurde bis Kathrein, bis zum 22. November, und erst am Stefanitag ging es wieder los. Auch im Sommer war das Tanzen eigentlich nicht erlaubt. Eine Altbäuerin erzählt: *1958 haben wir im Sommer einen Maibaum umgeschnitten und dabei einen Tanz gehabt. Kurz darauf ist das Hochwasser gekommen, und jetzt haben alle dem Tanzen die Schuld gegeben. Im Sommer war Tanzen eigentlich streng verboten. Man hat gesagt: Hätten wir nicht getanzt, wäre das nicht passiert.*

Auch in der Kriegszeit war Tanzen nicht gerne gesehen. Selbst Hochzeiten wurden gegen 1945 hin eher still gefeiert, ohne Musik, höchstens mit einem Harmonikaspieler. Umso größer war die Freude, als nach dem Kriegsende wieder Tanzunterhaltungen aufkamen.

Wie lernte man tanzen? *Wenn da einer nicht tanzen können hat, ist er halt gekommen: „Du, lern mir's!" So hat man sich das Tanzen gegenseitig beigebracht. Francais und Mazur waren die beliebtesten Tänze. Mir tut's heut noch leid, wenn ich einen Francais hör, dass ich nicht mehr mittanzen kann!*

Eine gute Gelegenheit zum Tanzen und zur Unterhaltung bot sich im Fasching beim „Sauschädelstehlen". Wenn eine Sau „ogstochn" wurde, dann hieß es, gut auf den Schädel aufzupassen oder ihn sogar wegzusperren. Eine Bäuerin aus Stallhofen erzählt, wie schnell es gehen konnte – und der Sauschädel war gestohlen: *Als*

Fesche Buam und Dirndln
beim Bandltanz.

Familie Burböck aus der Gaal

Faschingssonntag 1935 in St. Martin am Grimming. Zwar hatte man keine teuren Masken, aber alle hatten ihren Spaß!

Familie Wachinger aus Kainisch bei Bad Aussee

wir zum Bluttommerlessen in der Küche saßen, meldete der Hund und, oh Schreck, der Schädel war schon weg! Das Stehlen war natürlich eine spannende Sache, aber meistens hatte ohnedies der Metzger oder sein Gehilfe mitgeholfen und verraten, wo er den Schädel aufbewahrt hatte! Wenn irgendwo etwas geplant war, verbreitete sich die Nachricht im Dorf wie ein Lauffeuer, auch in Zeiten ohne Handy! Der Schädel wurde von den „Dieben" gekocht und mit Reisig, Mascherln und einem Zutzerl verziert. Am Abend kamen die Diebe, oft im Fackelzug und mit Musik, den schön aufgeputzten Schädel vor sich hertragend, anmarschiert. Im Haus wusste man schon lange Bescheid und hatte alles Nötige, Krapfen und Getränke, vorbereitet.
Meistens kam es nun zu einer „Gerichtsverhandlung", die mit viel Witz und Fröhlichkeit gespielt wurde. Der Besitzer des Schädels wurde vom Richter bestraft, weil er nicht ordentlich aufgepasst hatte, und auch der Dieb wurde verurteilt, etwa zu zehn Litern Wein. Nun folgte der „Sautanz". Bei sehr viel Essen und Trinken, Musik und Tanz dauerte die „Hetz" oft bis lange nach Mitternacht.
Überhaupt war der Winter die lustigste Zeit des Jahres. Schon im Herbst, bei den Gemeinschaftsarbeiten

Das Goaßtreiben und andere Spiele

Nach dem Brecheln hat es immer eine Unterhaltung gegeben. Jeder hat sich schnell daheim gewaschen, dann ist man wieder zusammengekommen, hat ein gutes Essen gekriegt und eine Gaudi gehabt.
Manche sind gleich maskiert gekommen, als Goaß und als Goaßfrau. Das hat Goaßtreiben geheißen. Dabei spielen zwei Personen die Geiß. Sie stellen sich unter ein festes Gestell, alles wird mit Tücheln verhängt, und dann setzt man der Goaß noch einen Holzschädel und Hörner auf. Die Goaßfrau geht daneben her und ruft: „Ich hätte eine Goaß zu verkaufen!" – „Ja, was kostet s' denn?", fragen die Brechler und bieten gleich so spaßige Sachen an: „Drei Meter Nebel." Oder: „Zwei Kubikmeter Hirnmehl." Das war recht lustig. Inzwischen haben die Auftrager das Essen gebracht. Dann ist es weitergegangen mit dem Spielen. Manchmal hat sich einer in die Mitte setzen müssen und ist „rasiert" worden. Einer ist im Takt um ihn herum gesprungen und hat ihn mit Schlagrahm und Erdbeermarmelade bepinselt, dass es ausgeschaut hat, als hätte er ihn geschnitten. Währenddessen schleckt der auf dem Sessel so viel wie möglich ab. Und auch der, der ihn rasiert, kostet immer wieder.
Ein anderes beliebtes Spiel war „Beinhebn", Bienenstöcke überheben. Die Idee dabei war, dass man Bienenvölker ja manchmal übersiedelt, jetzt werden stattdessen einzelne Personen versetzt. Zuerst sitzen alle an ihrem Platz, dann werden ein paar versetzt, und gach stellt man einem eine Wasserschüssel hin, und er setzt sich hinein. Das war natürlich sehr lustig!

Adelheid Pöllabauer, Gasen

Nudelessen bei einer Unterhaltung – Spiele aller Art und harmlose Späße waren sehr beliebt.

Familie Koska aus Stubenberg am See

Sauschädeltanz beim vulgo Blasbauer, 1955. Der geschmückte Sauschädel liegt noch auf der Trage, auf der er von Maskierten in die Stube getragen worden ist.

Familie Kohlhofer aus Stanz im Mürztal

Brecheln, Woazschälen und Dreschen, ging es oft recht lustig zu. Nun, in der kalten Jahreszeit, besuchte man gerne Bälle, die früher viel häufiger veranstaltet wurden. Oft fand an jedem Samstag irgendwo ein Ball statt: Feuerwehrball, Konsumball oder Heimkehrerball. Manch einer nahm lange Fußmärsche in Kauf, oft durch tief verschneites Gebiet, um zum Veranstaltungsort zu gelangen. In der Früh, beim Heimkommen, gab es kein „Liegengehen". Es hieß, an die Arbeit, in den Stall! Denn wer das Fortgehen nicht aushält, der soll daheim bleiben!

Zwei alte Jungfrauen

Bei uns am Moserannerlhof haben zwei alte Mägde, Schwestern, gelebt, die sind beide um 1890 geboren. Sie waren nie verheiratet gewesen. Zu der Zeit ist es ja Mode gewesen, Jungfrau zu bleiben. Das ist vom katholischen Glauben ausgegangen, dass die beiden nie geheiratet haben. Die haben sich ganz dem Glauben verschrieben. Damals gab es viele Frauen, die so gedacht haben, dadurch hat es auch nicht so viele ledige Kinder gegeben.

Die zwei alten Frauen sind sehr fleißig gewesen. Sie haben geschaut, dass sie immer etwas zu arbeiten haben. Die eine hat ein kleines Küberl gehabt und hat im Weingarten immer alles gejätet und zusammengeputzt. Die andere hat im Haus geholfen, Kürbisse und Erdäpfel gekocht, Wasserrüben und weiße Möhren für die Viecher. Da hat sie den ganzen Winter Arbeit gehabt: für die Sau Futter kochen und ein bissl Holz schneiden.

Die andere hat ganz gern ein bissl getrunken. Die ist mit 87 an der „Leber" gestorben. Da, in der Küche, hat sie immer ein Glaserl Uhudler stehen gehabt, und da ist sie immer dazugegangen und hat einen Schluck genommen. Dann ist sie wieder arbeiten gegangen, dann hat sie wieder ein Schluckerl getrunken, so ist das den ganzen Tag gegangen. Den Wein, den Uhudler, hat sie von ihren eigenen Weinstöcken geerntet. Sie hat einen kleinen Weingarten gehabt, auf den hat sie ganz allein geschaut und den hat sie gepflegt. Der Wein hat ihr halt so gut geschmeckt! Wenn sie bei einem Fest war, hat sie auch gerne getrunken, nach dem Grundsatz: „Wos i krieg, nimm i holt!" Aber dann ist es vorgekommen, dass sie schon „retour" gegangen ist!

Die beiden haben ihr ganzes Leben hart gearbeitet und sind bis zu ihrem Tod immer gesund gewesen. Die eine hat mit 71 einen Schlaganfall gehabt. Der Doktor hat gesagt, wenn sie neun Tage drüberkommt, dann schafft sie es, aber sie ist am achten Tag gestorben.

Beim Begräbnis haben wir Mädchen unsere weißen Kleider angehabt, weil die beiden noch im hohen Alter beim Jungfrauenverein waren. Beim Jungfrauenverein warst du so lange Mitglied, bis der Pfarrer gesagt hat, jetzt darfst du nicht mehr dabei sein.

Maria Pastolnik, Wuggitz

Die Bäuerin vom Moserannerlhof und zwei Mägde, die „alten Jungfrauen".

Familie Pastolnik aus Wuggitz bei Großradl

Der Jungfrauenverein steht Spalier bei einer Hochzeit. In den Jungfrauenverein trat man mit Vollendung der Schulpflicht ein und blieb bis zur Heirat. Gewöhnlich war kaum ein Mitglied älter als 30 Jahre.

Familie Leifert aus Dornegg bei Nestelbach

Unser tägliches Brot

Auf vielen Höfen ist er noch zu finden, der Troadkasten, ein Symbol der alten bäuerlichen Kultur. Ein solcher Getreidekasten und wohl auch eine Mühle oder zumindest das Mahlrecht in einer solchen gehörten jahrhundertelang wie selbstverständlich zu einem wohlbestallten Bauernhof. Heute sind die Mühlen längst aus der Landschaft verschwunden oder zu einer Touristenattraktion geworden, und so mancher Getreidespeicher dient inzwischen Erholung suchenden Städtern als Wochenendhaus.

Die Zeiten sind vorbei, in denen von jedem Bauern Korn, also Roggen, dazu noch Weizen, Hafer und Gerste angebaut wurden: Weizen und Roggen für das tägliche Brot, Hafer für die Pferde und Gerste vor allem für die Schweine (und außerdem je nach Gegend auch noch Hirse, Buchweizen oder Mais). Maximilian Burböck aus der Gaal berichtet von einer Besonderheit, der „Woazgerstn“: *Weizengerste war vier- oder sechsreihig und ist extra für den Kaffee angebaut worden. Die Mutter hat die Woazgerstn geröstet und daraus Malzkaffee gemacht.*

Bewahrt haben die Bauern aber noch heute den Respekt vor dem täglichen Brot: *Wenn ich Brot backe, forme ich über dem ersten Laib drei Kreuze. Wenn die Brotlaibe in den Ofen geschoben werden, mache ich über alle ein Kreuz, das bedeutet: „In Gott's Nam', damit alles gut geht!“ Ohne Kreuzzeichen hast du gar keinen Gedanken, dass du anfängst. Darauf habe ich nie vergessen!*

Aber bis dahin, bis die Bäuerin die Brotlaibe in den Ofen schieben konnte, war es einst ein langer, arbeitsreicher Weg. Nach dem Mistführen und Pflügen war es im März an der Zeit, das Sommergetreide zu säen. Der Bauer mit dem Sätuch, der mit gleichmäßigen Bewegungen das Saatgut auswirft, ist ein Urbild des Bauernstandes. Die Kunst lag darin, die Körner gleichmäßig zu werfen, nicht zu dünn und nicht zu dicht, sodass die ganze Fläche bedeckt wurde und nicht etwa kostbare Ackererde unbebaut blieb.

Auch Eggen und Pflügen waren ein heikles Geschäft, das Kraft und Geschicklichkeit erforderte. Eine Bäuerin, die das „Bauen“ mit dem Pflug noch selbst erlernt hat, betont, dass man bei dieser Arbeit recht konzentriert sein musste: *Du musst in Gedanken immer bei der Sache sein, mit dem Pferd reden und am Halfter ziehen. Ich bin vorne bei den Pferden gegangen, mein Mann hinten am Pflug. Das eine Ross hat in der Zeile gehen müssen, die schon umgepflügt war, das zweite genau oberhalb. Wenn man schief gegangen ist, dann hat der Mann hinten den Pflug so wenden müssen, dass alles wieder gerade wird. Das Bauen mit dem*

Bevor angebaut werden konnte, führte man im Winter oder Vorfrühling den Mist auf das Feld.

Familie Krammer aus Trahütten

Nach dem Pflügen mit dem Ochsengespann wurde noch geeggt, ehe man ansäen konnte.

Familie Lang aus Großsteinbach

Der Grundnervater prüft gerade mit den Zähnen, ob das Getreide reif ist und heimgeführt werden kann. Die Reife zeigt sich an der Festigkeit der Körner, nach etwa sieben bis acht Tagen sind sie so weit.

Familie Berger aus St. Georgen ob Murau

Der Grundnervater und sein Troadfleckerl

Bei uns ist es extrem steil. Aber gerade auf dieser mittleren Höhenlage ist das Getreide so schön geworden! Die Steilheit und die Sonneneinstrahlung, das hat alles zusammengepasst, und das Getreide ist wunderbar geworden. Heute kann man mit Maschinen in dieser Steilheit kein Getreide mehr anbauen, das ist unmöglich. Unser Vater, der Grundnervater, hat sich beim Troadarbeiten so richtig in seinem Element gefühlt. Das Umbauen, das Säen, das Schneiden, das war sein Leben. Aber wenn wir ins Tal hinunter geschaut haben und dort sind die Mähdrescher gefahren, dann hat uns die Arbeit nicht mehr gefreut. Die waren ruckizucki fertig, und wir haben so lang und mühsam arbeiten müssen. Den Mähdrescher vor Augen, das hat auch der Vater nicht mögen. Bei der Handarbeit war man ja viel mehr in Kontakt mit der Natur. Durch die Mechanisierung entfernt sich der Mensch von der Natur. Wir als Bauern sind hinter dem Ochs nachgegangen, und du hast gesehen, die Erde dreht sich um. Das Gefühl, das war unbeschreiblich! Wenn ich aber am Traktor sitze, der den Pflug hinten hat, dann nehme ich das alles gar nicht wahr. Ich habe meinen Vater lange nicht verstanden. So lange er gelebt hat, haben wir immer noch ein Troadfleckerl gehabt. Erst jetzt begreife ich, was ihn an der Arbeit so fasziniert hat: Es war der Bezug zur Natur! Das wollte er sich nicht nehmen lassen.

Maria Berger, St. Georgen ob Murau

In gebückter Haltung wird das Getreide mit der Sichel geschnitten. Die Frau im Vordergrund macht bereits die „Bandln“, um die Getreidegarben zu binden.

Familie Kohlhofer aus Stanz im Mürztal

Der Sämann, meistens der Bauer selbst, ging mit umgebundener Säschürze über das Feld und warf mit knappen, kräftigen Schwüngen das Saatgut nach rechts und links aus. Hier wird die Säschürze gerade wieder aufgefüllt.

Familie Werni aus Mauterndorf bei Pöls

Das geschnittene Getreide wird zu Getreidegarben gebunden und dann zum Trocknen zusammengestellt.

Familie Wiedrich aus Wörth an der Lafnitz

Ross war eine schwere Arbeit, da bist du danach ein paar Tage bucklig gegangen!
Im Juli begann man mit dem Kornschneiden, zuerst kam der Roggen, dann Weizen, Gerste und zuletzt der Hafer, der erst Ende August zeitig war. Das Wintergetreide wurde einst mit der Sichel geschnitten. Die Halme, die man mit einer Hand umfassen konnte, nannte man eine Welle. Bei einem guten Schnitter war eine Welle gleich eine Garbe. Hafer und Gerste, das Sommergetreide, das erst im Frühling angebaut wurde, wurde mit der Sense gemäht.
Während die Schnitter arbeiteten, waren die Kinder damit beschäftigt, aus Getreidehalmen „Bandln" zu machen, mit denen man eine Garbe zusammenbinden konnte. Die Getreidegarben wurden auf dem Feld in Mandln, Schöbern, Hutlern oder Dockn zum Trocknen zusammengestellt. Ebenso einfach wie genial war die Hutgarbe: Man bog die Ähren nach innen, damit die Vögel nichts herausfressen konnten, und setzte sie auf die Mandln als „Hut" hinauf – zum Schutz gegen Unwetter. So konnte nur der Hut zu Schaden kommen, das Mandl aber war geschützt. So eine „Schieberstatt" musste auch optisch ein schönes Bild machen. Ein Altbauer erinnert sich: *Das Aufstellen der Mandln war eine heikle Sache, denn alles hat schön gerade werden müssen. Zwei sind gestanden und haben genau darauf geachtet, dass man eine Linie hat. Sonst hat es geheißen: „Schau, was die für eine bucklige Zeile haben!"* Wer je Getreidemandln in Reih und Glied gesehen hat, der weiß, welchen ästhetischen Wert eine solche Schieberstatt hat. Auf manchem alten Foto erkennt man über 1000 Schöber – so weit das Auge reicht, eine Zeile nach der anderen. Wunderschön!
War das Getreide geschnitten und zum Trocknen aufgestellt, musste die Reifung der Körner beobachtet werden. Ehe die Garben heimgeführt wurden, blieben sie noch eine Weile auf dem Feld draußen, um die weichen Körner in der Luft dürr und fest werden zu lassen. Bis zu zwei Wochen ließ man die Mandln in der Sonne trocknen, ehe sie heimgeführt und in die Scheune gebracht wurden.
In der Tenne wartete das eingebrachte Getreide, bis die Zeit des Dreschens gekommen war. Gewöhnlich war es erst nach Allerheiligen, wenn wirklich alle Arbeit draußen getan war, so weit. In vielen Tennen hängen noch die hölzernen „Drischln", die Dreschflegel, und erinnern an die gleichmäßig im Takt gehaltenen Schläge der Drescher. Eine Altbäuerin weiß es noch genau: *Den Takt hat man im Gehör haben müssen! Zu dritt ist das Dreschen leicht gegangen, zu fünft war es ganz schwer, einen Rhythmus zu finden, zu sechst war es wieder einfacher. Um im Takt zu bleiben, hat man die passenden Drischlsprüche gesagt. Der Schwengel ist beim Dreschen immerfort über deinen Kopf gegangen, immer flott im Takt, der eine nach dem anderen, denn wenn der Vordere aufhört, dann müssen auch die anderen aufhören.*
Jeder, der noch das händische Dreschen, das Drischldreschen, miterlebt hat, wird bestätigen, dass dies eine sehr schwere körperliche Arbeit war. *Er frisst wie ein Drescher!,* heißt es nicht umsonst. Die Bäuerin musste

Sehr wichtig war die Hutgarbe: Die Halme werden geknickt und fest auf den Getreideschober aufgedrückt, damit die Körnerfrucht schön „truckn“ bleibt.

Familie Gerold aus Katsch an der Mur

Wohlverdiente Jause auf dem Feld. Man beachte die genagelten Schuhe, aber auch die „Bloßfüßigen“.

Familie Lechner aus Ebersdorf

Endlich kann das Getreide heimgebracht werden!

Familie Wallner aus Steirisch-Laßnitz bei Murau

an solchen Tagen einen tiefen Griff in den Schmalzkübel und in die Mehltruhe tun. Schön fette Krapfen, aber auch Knödel, Kraut und Geselchtes kamen auf den Tisch, damit die hungrigen Arbeiter wieder zu Kräften kamen.
Wenn das gedroschene Getreide endlich im Troadkasten lagerte, wurde es säckeweise zur Mühle geführt. Ein Bauer aus dem Murtal erzählt: *Man hat daheim alles in Säcke gegeben und auf den Leiterwagen gepackt, Roggen und Weizen, ein bissl Hafer für die Pferde, ein bissl Gerste für die Schweine und Weizengerste für den Kaffee. Wenn man bei der Mühle angekommen war, ist schon der Müller herausgekommen. Er hat alles entgegengenommen, und wir sind wieder heimgefahren. Nach ein paar Tagen hat man das gemahlene Mehl holen können. Daheim hat man dann alles am Dachboden gelagert, wo wir mehrere Truhen mit getrennten Fächern für alle Mehlsorten gehabt haben. Jedes Mal, wenn die Mutter Brot gebacken hat, hat sie sich dort ihr Mehl geholt.*

Der Kreis schließt sich. Was der Bauer mit eigenen Händen ausgesät hat, wächst und gedeiht, wird zubereitet und verzehrt. Deutlich wird hier die Autarkie, die Selbsterhaltung der Bauernhöfe vergangener Zeiten sichtbar. Ein schönes Bild dafür ist auch das Brotmesser: Oft wurde gerade die Spitze einer Sichel, wie sie zum Schneiden von Getreide verwendet wurde, zu einem Brockenmesser umgearbeitet, mit dem man vom altbackenen Brot Brocken abschneiden konnte. Eine obersteirische Bäuerin berichtet: *Dafür ist es ideal. Weil durch die geschwungene Sensenspitze schneidest du, automatisch immer geschwungen, einen Brocken nach dem anderen ab. Diese Brotbrocken, meistens aus altbackenem Brot, hat man früher in die saure Suppe getan.* Selbst wenn der letzte Laib schon steinhart war, wurde er noch zum Einbrocken verwendet. Es kam wohl niemals vor, dass ein Stück Brot weggeworfen wurde. Dafür war die Achtung vor dem täglichen Brot und der damit verbundenen Arbeit viel zu groß.

Drischlsprüche

Für das Dreierdreschen: *Eins geht ab, eins geht ab.*
Für das Viererdreschen: *Kein Brot am Tisch, kein Mehl im Korb.*
Für das Fünferdreschen: *Eins, zwei, hiaz geht's gut, eins zwei, hiaz geht's gut. Himmelsakrament, hiaz geht's gut.*
Für das Dreierdreschen und Sechserdreschen: *Stich Hund ab, stich Katz ab.*

Schön anzusehen: eine Schieberstatt! Im Liesingtal werden die „Hutler“, wie sie hier heißen, aus je acht Weizen- oder Roggengarben zusammengestellt.

Familie Kammerhofer aus St. Ilgen

Auf der Tenne wird das Getreide mit dem Dreschflegel gedroschen.

Besitzer unbekannt, aus dem Raum St. Peter am Ottersbach

Tischsitten

Peter Rosegger hat einmal gesagt, der Herd sei das Herz, der Tisch das Haupt des Hauses. Diese ehrwürdige Stellung wird schon in der alten strengen Sitzordnung deutlich, wo vom Bauern weg die „Mannerleut“ und von der neben ihm sitzenden Bäuerin die „Weiberleut“ auf der anderen Tischseite saßen. So nahmen bei großen Bauern schön in der Reihenfolge ihres Ranges zuerst der Moar, dann der Rossknecht bis zum Kuhhalter und gegenüber die Moardirn, die Kuahdirn, die Saudirn bis zur Kuchldirn hin Platz.

Aufgetragen wurde das Essen in einer großen Schüssel, aus der sich alle Tischgenossen bedienten. Man braucht nicht viel Phantasie, um sich vorzustellen, dass ein solches Mahl ohne Rücksichtnahme aufeinander und ohne wohl überlegte Tischsitten schnell zu einem Kampf um die besten Stücke werden konnte. Deswegen mussten folgende Punkte beachtet werden: Keiner der Esser durfte in der Schüssel herumrühren, sondern nur von der ihm nächsten Stelle aus der Schüssel nehmen. Der Löffel durfte nicht zu voll genommen werden und musste, bevor man ihn zum Mund führte, am Schüsselrand abgestreift werden. Man sollte das Essen auch nicht hastig hinunterschlingen, sondern langsam und bedächtig essen. Nicht umsonst heißt es: *Wer zum Essen koa Zeit hat, der ist ein fauler Mensch!*

Früher wurde vor dem Mittagessen oft recht lange und ausführlich gebetet. Fast möchte man das obige Sprichwort abwandeln: *Wer zum Beten koa Zeit hat, der braucht net essen!* In manchen Häusern versammelten sich Bauersleute und Gesinde vor dem Esstisch, den Blick auf den Herrgottswinkel gerichtet. Einer betete vor, die anderen fielen ein und murmelten das lange Gebet gemeinsam fertig. Erst dann setzte man sich zu Tisch. Dieses gemeinsame Gebet bedeutete Sammlung und Besinnung und löste die Gedanken von der Arbeit des Vormittags. Man wendete sich von den Pflichten ab und konzentrierte sich auf die kommende Mahlzeit und die wohlverdiente Ruhepause. In unserer schnelllebigen Zeit könnte sich so mancher, der sein Mittagessen hektisch zwischen zwei Telefonaten verzehrt, an den alten Bauernsitten ein Beispiel nehmen.

Manche „feinen“ Leute sagen, nur wer bei Tisch unbequem sitzt, sitzt richtig. Unser Hausverstand sagt uns hingegen, dass derjenige richtig sitzt, der zwar nicht lümmelt, aber eine gute, richtige Ruhehaltung einnimmt. Was könnte besser sein als die Sitzhaltung an einem alten, niedrigen Bauerntisch mit seinen etwas höheren Bänken! Die Bänke waren gerade so hoch, dass bei herabhängenden Oberarmen die Unterarme auf dem Tisch aufliegen konnten. Ein wenig nach vorne

Gemeinsames Essen in der Stube der Karlbauern-hube. In einer Schüssel war Sterz, in der zweiten Suppe – dazwischen befand sich ein Holzkreuz, sodass jeder aus beiden Schüsseln essen konnte.

Familie Herk aus Kraubath

gebeugt, einen Ellenbogen aufgestützt, um damit zu löffeln, nahm man eine ruhige und entspannte Sitzposition ein. Wer genug hatte und satt war, schleckte einfach den Löffel ab und legte ihn mit der Höhlung nach unten auf das Tischtuch. Hatten alle ihr Essen auf diese Weise beendet, wurde die Schüssel fortgenommen und die nächste „Richt" aufgetragen. Am Ende des Mahls schließlich wischte jeder seinen Löffel gründlich am Tischtuch ab und verstaute ihn entweder in der Tischlade oder in einer Lederschlaufe unter dem Esstisch an seinem Platz.

Die Kunst, gemeinsam aus einer Schüssel zu essen

Wir waren daheim zwölf Leute zum Essen. Alle gemeinsam haben wir vor dem Essen den „Engel des Herrn" gebetet und den „Englischen Gruß", nach dem Essen ist noch einmal gebetet worden, das „Vaterunser".
Beim Tisch hat der Vater immer seinen festen Platz gehabt und die Oma auch. Ganz heikel sind sie beim Besteck gewesen! Man hat nur mit seinem eigenen Löffel essen dürfen. Alle Löffel waren in der Tischlade drinnen, und seinen eigenen Löffel hat man am Zeichen erkannt, das man eingeritzt hat. Die Löffel waren aus Blech, die hat man leicht kennzeichnen können.

Gegessen haben wir alle aus einer Schüssel. Da hat man aber nicht mit dem Löffel herumrühren dürfen! Jeder hat nur das aus der Schüssel herausnehmen dürfen, was vor einem war. Sonst hat es geheißen: „Geh weg, du hast bei mir nix zu tun!" Beim Essen ist sonst nicht viel geredet worden. Die Kinder haben überhaupt nur reden dürfen, wenn sie gefragt worden sind.
Nach dem Essen hat jeder seinen Löffel am Tischtuch abgewischt und wieder in die Lade hineingetan. Dann hat man noch schnell gebetet und ist wieder sofort an die Arbeit gegangen.

Aurelia Autischer, St. Georgen ob Murau

Der große Tisch in der Stube bot auch Gelegenheit, „zusammenzusitzen" und Gemeinschaft zu pflegen.

Familie Ellmeier aus Stanz im Mürztal

Die kleine Maria fährt zur Zuchtviehversteigerung

Ich werde so zehn Jahre gewesen sein, da wollte ich unbedingt, dass mein Vater mich zu einer Viehversteigerung nach Leoben mitnimmt. Er hat gesagt: „Dirndl, das geht nicht." Und wie es seine Art war, hat er mir auch erklärt, warum: „Schau, dort ist ein Lager zum Übernachten. Da liegen nur Männer, da kannst dich doch nicht dazwischen hineinlegen!" Zum Spaß hat er noch hinzugefügt: „Kommst halt morgen nach!"
Am nächsten Tag, zeitig in der Früh, habe ich zur Mama gesagt: „So, ich fahre jetzt nach Leoben." Die Mutter hat nicht gleich Nein gesagt, denn ich bin mit dem Zug schon einmal allein nach Graz gefahren. Mein größter Trumpf war aber: „Der Tatti hat gesagt, ich darf nachfahren." Normal hat es Schulschwänzen nicht gegeben, aber in dem Fall hat es die Mutter dann nicht mehr so genau genommen. Sie hat mir noch aufgetragen: „Vergiss nicht, in Bruck aussteigen, unter der Unterführung durch und in den Zug nach Leoben wieder einsteigen!"
Ich steig in Leoben aus, steh am Bahnhof und überlege, wo musst du hin? Ich habe ja keine Ahnung gehabt und mich in Leoben überhaupt nicht ausgekannt. Da fallt mir ein, in die Oberlandhalle! Und dann seh ich vier Männer mit Hut, Rucksack und Stecken. Na, denk ich mir, die können nur in die Oberlandhalle gehen. Denen gehst du nach! Die vier Männer gehen und reden, und ich, im Abstand von drei, vier Metern immer hinter ihnen her. Auf einmal dreht sich der Äußere einmal um, einmal der Linke, einmal der Rechte. Sie schauen mich an und denken, wo geht das Dirndl hin? 1965 war das ungewöhnlich, da war es noch nicht gang und gäbe, dass Kinder allein unterwegs waren. Und wirklich, wir kommen bei der Oberlandhalle an. Ich will bei der Tür hineingehen, da kommt mir schon der Vater entgegen und schlagt die Hände über dem Kopf zusammen. „Wenn ich mit allem gerechnet hätte", sagt er, „aber dass du da daher kommst, hätte ich nie geglaubt!"

Maria Ellmeier, Stanz im Mürztal

Der Gregorbauer aus Krieglach und seine prächtige Murbodner Kuh, die er auch bei einer Rinderschau präsentiert hat.

Familie Schwaiger aus Krieglach

Knapp nach dem Krieg: ein „Kuhhandel" zwischen dem Viehhändler und dem Stergrabervater im Vordergrund.

Familie Leitner aus St. Radegund

Dirnen und Knecht'

Ohne Mägde und Knechte, ohne Gesinde, war das alte bäuerliche Hauswesen nicht vorstellbar. Was heute Traktor und Mähmaschine leisten, mussten früher menschliche Kraft und Ausdauer allein verrichten. Viel Arbeit, keine Aussicht auf Heirat, wenig Bezahlung, dafür im besten Fall das Privileg, in die Familie fast aufgenommen zu werden – das erwartete die Dienstboten. Wenn jemand einen guten Platz gefunden hatte, dann blieb er dort. Stolz erzählt ein Altbauer: *Wir haben Leut gehabt, die sind 30 Jahre bei uns geblieben. Wenn ich so lange bei einem Bauern bin, dann kann es dort nicht schlecht sein!*

Dienstboten hatten zudem immer die Möglichkeit, den Dienstplatz zu wechseln, wenn es ihnen nicht gefiel. Man konnte Gesinde nicht für längere Zeit verpflichten, wer wollte, ging jeweils zum Jahreswechsel. *Dienstbotenwechsel war zu den Festtagen. Da haben die Bauern das Ross eingespannt und sind die neuen Knechte oder Mägde holen gefahren. Die meisten haben nur einen hölzernen Koffer besessen, wenn einer eine Truhe gehabt hat, dann war er schon sehr sparsam und vermögend.*

Christian Schölnast, bekannter Autor und scharfer Beobachter des bäuerlichen Alltags, erinnert sich noch an den alten Brauch des „Leihkaufs": *Wenn ein Bauer einen neuen Knecht oder eine Magd aufnehmen wollte, dann musste er dieser Person zu Michaeli, also am 29. September, den Leihkauf, ein Angeld auf den Jahreslohn, geben. Großer Beliebtheit erfreute sich das „Leihkaufessen". Die sonst übliche bescheidene Bauernkost wurde an diesem Tag durch Fleisch und Schmalz ordentlich aufgebessert. Welcher Dienstbote konnte dann schon Nein sagen, wenn er gefragt wurde, ein weiteres Jahr zu bleiben!* Das neue Dienstverhältnis galt für ein Jahr, ab dem Silvestertag. Am Tag davor war Zahltag. Es gab zwar wenig Geld, dafür war die Kleidung ein Teil des Lohns. Jede Person wurde einmal im Jahr vollständig eingekleidet und erhielt zwei Paar Schuhe.

Dies alles änderte sich, als nach dem Krieg die Dienstboten zu „normalen Angestellten" wurden, weil die Bauern für sie nun Sozialversicherung zahlen mussten. Ein Bauer aus St. Lorenzen bei Murau: *Unser letzter Knecht ist 1961 gegangen. Er hat freie Unterkunft gehabt und war angemeldet. Er war kranken-, unfall- und sozialversichert. Er hat 500 Schilling netto verdient, das war damals ein Superlohn!*

Ein eigenes Kapitel waren die Taglöhner, meist Söhne und Töchter aus kleineren Betrieben, die sich so ein wenig Taschengeld verdienen konnten. „Tagwerchen" bei Großbauern war eine der wenigen Möglichkeiten, sich etwas dazuzuverdienen.

Ein alter Taglöhner.

Familie Uhl aus Groß St. Florian

Christine Hasenberger, genannt Rosenthaler Tinnerl, hat 63 Jahre als Kindsdirn beim vulgo Rosenthaler gedient und auf drei Generationen aufgepasst.

Familie Pirchegger aus Allerheiligen im Mürztal

Manche Dienstboten waren ihrerseits wieder Kinder von Knechten und Mägden. Aber auch das Erbrecht machte viele zu Dienstboten. Wer nicht Hoferbe war, musste „weichen", sich eine Stelle suchen oder als Knecht oder Magd am Hof bleiben. Ein großes Problem war, dass die besitzlosen Dienstleute nicht heiraten durften. Die meisten hatten dennoch Kinder. Ein Altbauer erzählt: *Ob eine Magd ihr Kind behalten hat können, hat der Bauer entschieden. Zum Teil wurden die Kinder als ganz Kleines weggegeben. Sie sind von der Gemeinde auf die Bauern aufgeteilt worden. Die Bauernkinder haben schon kein leichtes Leben gehabt, die Dienstbotenkinder haben es noch ein bissl schwerer gehabt. Sie sind beim Arbeiten natürlich dementsprechend eingespannt worden. So klein hat ein Dienstbotenkind gar nicht sein können, es hat immer etwas zu arbeiten gegeben!*

Besonders interessant erscheinen an dieser Stelle die Erinnerungen von Jakob Düregger aus Teufenbach: *Zur damaligen Zeit gab es in manchen Gegenden noch einen gewaltigen Klassenunterschied. Von den Großbauern zu den mittleren, dann zu den Kleinbauern bis hin zu den Dienstboten. Diese waren die Niedersten und die Ärmsten. Die einfachen Frauen trugen meist ein Kopftuch, Frauen, die etwas gelten wollten, haben sich einen Hut geleistet. Die armen Frauen hätten sich zur damaligen Zeit gar nicht getraut, einen Hut aufzusetzen, denn sonst hätten sie von den Besseren etwas erlebt! Man kann sich im Leben leider nicht aussuchen, als was und wo man geboren wird.*

Dennoch, es gibt auch schöne Erinnerungen. Elisabeth Winter aus Fladnitz, 85 Jahre alt, berichtet über Elisabeth Wibner vulgo Hausebner: *Sie hatte keine eigenen Kinder, aber eine große Landwirtschaft. Damals wurde alles angebaut, was man für Mensch und Vieh brauchte. Um die viele Arbeit zu bewältigen, haben sie Dienstboten aufgenommen, zum damaligen Monatslohn von 30 Schilling. Viele Knechte und Mägde haben beim Hausebner ihren Ehepartner gefunden und sich mit dem ersparten Geld später eine Keusche oder ein*

Ein Keuschlerkind geht in den Dienst

Mein Vater ist 1891 bei einer kleinen Bauernkeusche geboren, schon mit neun Jahren hat er in den Dienst gehen müssen. Neun Kinder und vier Joch! Das hat nicht für alle gereicht. Sagt sein Vater: „Heut wird der Leitenbauer kemman, oft gehst schön mit eahm mit!" Die Mutter hat ihm sein Gewand in ein Kopftüchl eingepackt, und unter Tränen haben ihn die Eltern zum Abschied ermahnt: „Arbeitest halt fleißig, dann wirst dein Essen schon kriegen!" Der Leitenbauer ist vorausgegangen und das Bübl hintennach, weg von daheim. Mein Vater hat immer erzählt, im Vergleich zu den anderen Geschwistern ist es ihm beim Leitenbauer noch gut gegangen. Die anderen haben es viel schlechter erwischt. Mein Vater hat es gut erraten, er hat beim Essen immer mit den Bauersleuten am Tisch sitzen dürfen, und er hat im Winter auch Socken bekommen. Das war nicht selbstverständlich! Viele andere Kinder haben sich Stroh in die Schuhe stopfen müssen, damit die bloßen Füße beim Schulgehen nicht abfrieren.

Adelheid Pöllabauer, Gasen

Eine Kuhmagd im Jahr 1928. Familie Lukasch aus Ehrenschachen bei Friedberg

Grundstück gekauft, um eine Familie zu gründen. Wenn sie Nachwuchs bekamen, war meistens die Hausebnermutter die Godl. Sie war für das ganze Gesinde die „Mutter". Einmal habe ich erlebt, wie die, die vorher bei ihr als Magd gedient hat, sich vor ihr niedergekniet hat und sie gebeten hat, für ihr Kind Taufpate zu sein. So hatte Mutter Wibner im Lauf der Zeit über 70 Patenkinder, auch ich gehörte dazu. Das Bauernhaus ist längst abgetragen – heute erinnert nur mehr ein Marterl neben der Straße an diese arbeitsreiche Zeit.

„Mutter" für die Bäuerin und „Vater" für den Bauern war die übliche Anrede durch die Dienstboten. Diese familiäre Anrede soll jedoch nicht darüber hinwegtäuschen, dass der ganze Stand der Dienstboten unter großen persönlichen Einschränkungen leben musste. Selten hatten sie die Aussicht, einen eigenen Hausstand gründen zu können, und oft sahen sie einem ärmlichen und unsicheren Alter als Einleger entgegen.

Arbeit gab es mehr als genug am Bauernhof, jede Arbeitskraft war wichtig, so wie hier beim Füttern. Wenn kein Futterkorb frei war, wurde der so genannte „Schurz“ genommen.

Familie Lebenbauer aus Oberneuberg bei Pöllau

Die gehörlose Hedwig Ellmeier, Jahrgang 1922, war eine der allerersten taubstummen Bauernkinder, die einen Schulabschluss machen durften. Sie besuchte die Taubstummenanstalt in Graz und lernte dort die Schneiderei. Da sie gehörlos war, konnte sie nicht auf die Stör gehen, sondern nähte zu Hause am elterlichen Hof.

Familie Ellmeier aus Stanz im Mürztal

Sterben gehört zum Leben dazu

„So, Hannerl, jetzt tun wir dich schön waschen, wenn du heimkehrst!“
Liebevoll setzt die Totenwäscherin die Verstorbene auf einen Stuhl, wäscht sie und zieht ihr das schöne Totengewand an. Sind wir befremdet, wenn wir Derartiges lesen? Irritiert uns so viel Nähe zum Tod, oder sehnen wir uns nach jenen Zeiten zurück, in denen Sterben, genauso wie die Geburt, noch nicht aus dem Haus verbannt wurde? Eine Leiche im Haus zu haben, ist für uns heute wahrscheinlich ein unerträglicher Gedanke, während es doch noch vor einigen Jahrzehnten am Land eine Selbstverständlichkeit war, dass die Großmutter oder der Großvater zu Hause sterben durfte und auch dort aufgebahrt wurde.
Bereits die Pflege eines Alten oder Schwerkranken geschah zu Hause und lastete nicht allein auf den Hausleuten. Eine Bäuerin aus der Südsteiermark erzählt von der Hilfsbereitschaft der Nachbarn: *Der Doktor hat gesagt, die Tante wird sterben. Von da an sind wir dann Tag und Nacht bei ihr geblieben, ab dem Schlaganfall ist sie nie mehr allein gewesen. Wenn jemand länger zum Pflegen gewesen ist, dann haben alle Nachbarn zusammengeholfen. So eine Pflege hat früher ja nie länger als ein paar Monate gedauert. Dass man da hilft, war so selbstverständlich wie „Grüß Gott“ sagen. „Heit kumm i“, hat's geheißen, „und i bleib die ganze Nacht da!“*

Der Totenbeschauer

48 Stunden hat der Tote aufgebahrt sein müssen, in dieser Zeit ist auch der Totenbeschauer in das Haus gekommen. Das habe ich allerdings nicht mehr selbst erlebt, ich kenne es nur aus den Erzählungen meiner Mutter. Der Totenbeschauer war bei uns kein Arzt, sondern ein einfacher Bauer. Seine Aufgabe war es, festzustellen, ob jemand wirklich tot war. Er hat dem Toten in die Augen geschaut, hat ihn gezwickt oder ihm irgendwo hineingestochen, so wollte man vermeiden, dass jemand lebendig begraben wird. Außerdem vermute ich, dass die Gemeinde den Totenschein erst ausgestellt hat, nachdem der Beschauer da war.
Nach zwei Tagen ist dann die Bestattung gekommen. Der Tote ist in eine Truhe gelegt worden, und vor der Haustüre haben die Träger mit dem Sarg noch ein Kreuz gemacht und dann den Sarg hinausgetragen. Dabei sind alle zum Abschied im Spalier gestanden.

Maria Pastolnik, Wuggitz

Mädchen auf der Totenbahre, 1952.

Familie Lebenbauer aus Oberneuberg bei Pöllau

Begräbnisfahrt mit dem Pferdefuhrwerk.

Familie Klapsch aus Wagna

Versehen mit den Sterbesakramenten, wurde der Sterbende in seiner letzten schweren Stunde nicht allein gelassen. Neben den Angehörigen kamen die Nachbarn zusammen, um zu beten und einander in der Not beizustehen. Wenn eine Lichtmesskerze im Haus war, wurde diese angezündet und dem Sterbenden oder einem nahen Angehörigen in die Hand gedrückt. Im Bezirk Voitsberg sagte man dazu die folgenden Worte: *I gib dir das Licht in die rechte Hand und schick dich ins himmlische Vaterland …* Klar und direkt wurde hier ausgesprochen, wohin die Reise gehen wird. Es wurde nichts verschwiegen oder beschönigt, um den Sterbenden vor der Wahrheit zu verschonen, die er doch im tiefsten Inneren schon fühlte. Das Abschiednehmen fiel so allen leichter, den Angehörigen und dem Sterbenden.

Sobald der Tod eingetreten war, wurde die Sterbekerze neben den Toten gestellt. Bis zum Begräbnis sollte das Licht dieser Kerze nicht mehr erlöschen, sonst, so der Aberglaube, würde noch jemand aus der Verwandtschaft sterben. Die Vorhänge wurden zugezogen und weitere Kerzen angezündet. Im Bezirk Voitsberg war es Sitte, die Uhr zum Stillstand zu bringen, damit man den Todeszeitpunkt wusste.

Häufig wurde das Waschen der Leiche als Nachbarspflicht betrachtet, so wie der Beistand im Todesfall überhaupt eine Angelegenheit unter Nachbarn war. Nun wurde das Sterbekleid angelegt: entweder das Hochzeitskleid oder ein Sonntagsgewand, oft noch persönlich von dem Verstorbenen hergerichtet und ausgesucht. Das Bettstroh wurde außer Haus verbrannt – dies und das Läuten der Totenglocke waren auch die Zeichen für die Nachbarschaft, um zu kommen und zu beten.

Drei Tage und drei Nächte lag der Tote aufgebahrt im Haus, entweder im Bett oder auf einem Brett, dem „Bahrladen". Über die Bahre kam ein weißes Tuch, oft bestickt oder mit Efeu geschmückt. Ein gestickter Spruch auf einem Bahrtuch lautete etwa: „Hier lieg ich und muss verwesen, was ihr seid, bin ich gewesen. Was ich bin, das werdet ihr. Geht nicht vorüber und betet mir!"

An zwei Abenden wurde Totenwache gehalten. Zum „Wachten" kamen Freunde und Nachbarn zusammen, und nach dem Beten gab es Speis und Trank als Stärkung, Weißbrot wurde gereicht, manchmal auch Krapfen, dazu Most oder Kaffee und im Winter vielleicht Schnapstee. Das Wachten war früher durchaus keine todernste Angelegenheit. Es war eine der wenigen Gelegenheiten, gesellschaftlichen Umgang zu pflegen, und oft wurde es, besonders am späteren Abend, recht lustig. Die Jugend vergnügte sich mit Spielen wie Stockschlagen oder erzählte sich Spukgeschichten. Peter Rosegger berichtet, dass es beim Wachten für den Weberhansl recht hoch hergegangen sei. Die Nachbarn seien so fröhlich gewesen, dass einer schließlich sagte: *Na, wie ist's heut lustig! Schad', dass der Weberhansl nicht da ist, er ist grad um einen Tag zu früh gestorben!*

Eine Bäuerin weiß noch, dass die Kinder am Schulweg, wenn sie bei einem Haus vorbeikamen, in dem ein Toter aufgebahrt lag, die Bahre „besuchen" gingen, ein „Vaterunser" beteten und „Weihbrunn" gaben.

Salutschießen bei einem Jägerbegräbnis, 1958. Heute gibt es diesen Brauch nicht mehr.

Familie Skringer aus Gamlitz

Am Tag des Begräbnisses schließlich wurde der Tote im Beisein der Angehörigen in den Sarg gelegt und mit den Füßen voraus aus dem Haus getragen. An der Türschwelle wurde die „Truhe", wie der Sarg auch heute noch genannt wird, in Kreuzform gehoben und gesenkt, bevor man sich auf den Weg Richtung Kirche machte.

Abends auf der Hausbank

Zusammengekommen ist man bei uns daheim auf der Hausbank. Ich war von Haus aus ein lustiges Dirndl, und da sind wir gesessen, bald bei uns, bald beim Nachbarn. Bei Tag hat man keine Zeit gehabt, aber wenn es Abend geworden ist, haben sich die Nachbarn getroffen. Man hat von der Arbeit geredet und von dem, was man morgen tun wird, und überhaupt von allem, was sich so abspielt im Dorf. Der hat was gewusst und der wieder auch was, so hat man eine gute Nachbarschaft gepflegt und nebenbei noch ein bisschen getratscht.
Ein Nachbar, der Alois, ist täglich gekommen. Das hat seiner Lebensgefährtin aber gar nicht gepasst, und sie ist ihn immer suchen gegangen. Wenn wir sie von Weitem kommen gesehen haben, hat es geheißen: „Jetzt kommt die Gela! Alois, geh eini!" Dann haben wir ihn geschwind in der Speis versteckt. „Ist der Alois net do?" – „Na, Gela, der is net do!" Dann ist sie wieder gegangen. Und weil sie ihn nicht gefunden hat, ist sie wieder gekommen. „Lügt's mich net an!"
Und im Winter sind wir am Abend gemütlich in der Kuchl beieinandergesessen. Jeder hat ein Schnapserl gekriegt, oder wir haben Äpfel gebraten. So waren unsere Abende, bevor es Radio und Fernsehen gegeben hat. Es war eine sehr schöne Zeit!

Mathilde Wachinger, Kainisch bei Bad Aussee

Auf dem Bankerl vor dem Haus lässt es sich gut rasten.

Familie Schneller aus Bruck an der Mur

Auf der Hausbank beim vulgo Tully in Dürnberg. Nicht nur abends, auch am Sonntagnachmittag war die Hausbank ein beliebter Treffpunkt.

Familie Wachter aus Dürnberg bei Seckau

Der Bauerndoktor

Früher waren bestimmte Kräuter in einem Bauernhaus immer vorhanden: Kamille, Wacholderbeere, Taubnesselblüte, Johanniskraut. Und Schafgarbe natürlich, die ist gut für die Blase. Zinnkraut haben wir für die Viecher gehabt, wenn sie Harnverhalten gehabt haben, und Wermut gegen die Harnwind. Die Mutter hat die Kräuter getrocknet und in einer Schachtel am Dachboden aufbewahrt. Wenn wir was gebraucht haben, ist sie hinaufgegangen und hat ein Schipperl von da und ein Schipperl von dort genommen. Die Altbäuerin Aurelia Autischer beschreibt hier eine bäuerliche Hausapotheke, wie sie wohl auf jedem Hof zu finden war. *Alle Wiesen und Matten, alle Berge und Hügel sind Apotheken:* Das wusste nicht nur Paracelsus, sondern auch jede Bäuerin und jedes „Kräuterweibl“, zu einer Zeit, als sich die Menschen im Krankheitsfall selbst helfen mussten und ein Gang zum Arzt nur im äußersten Notfall in Frage kam: *Bei uns hat es keinen Doktor gegeben, weil es hat ja niemand Geld gehabt. Die Mutter hat die Kinder immer selbst behandelt.*

Das Wissen, welches Heilkraut im Krankheitsfall zu verwenden ist und zu welchem Zeitpunkt eine bestimmte Wurzel ausgegraben werden soll, wurde ebenso zuverlässig von Generation zu Generation weitergegeben wie auch die Kunst, kleinere und größere Beschwerden beim Vieh zu behandeln. In der Familie war es meist die Mutter, die immer Rat wusste und auf einen Vorrat an Heilkräutern zurückgreifen konnte. Jede Bäuerin hatte ihre speziellen Hausmittel. Die eine gab mehr auf wild wachsende Pflanzen, die andere zog ihre Heilpflanzen lieber im eigenen Garten. Fast in jedem Haus wurden Salben, Pflaster und Einreibungen erzeugt, legendär waren die „Pechsalben“, die als Wund- und Zugsalben äußerst wirksam gewesen sein sollen. Dafür wurde Fichten- oder Lärchenpech geläutert und gereinigt, indem es erhitzt und gesiebt wurde, dann wurde es mit Bienenwachs, Fett und verschiedenen Wurzeln und Kräutern aufgekocht, abgeseiht und zu einer Salbe verrührt.

Bei Fieber schnitt man mancherorts Kren in dünne Scheiben und fädelte diese auf einen Zwirn. Diese Kette wurde dem Kranken um den Hals gehängt und musste über Nacht einwirken. Am nächsten Tag sei der Kren ganz dürr gewesen, dies wurde als Zeichen betrachtet, dass der Kren das Fieber „herausgezogen“ hätte. Tatsächlich treten an den Schnittflächen von Kren ätherische Öle aus, die antibakteriell wirken und mit ihrem scharfen Geruch auch die Atemwege frei machen können.

Jede Mutter wusste um die wichtigsten Heilmittel Bescheid und behandelte ihre Kinder im Krankheitsfall selbst.

Familie Reithofer aus Birkfeld

Wenn jemand verkühlt war, schmierte man Schweinsfett auf einen Lappen und legte diese Packung dem Kranken warm auf. In der Südsteiermark hingegen legte man warmen Sterz, in Leinen gewickelt, auf. Bei Halsweh gab man ein paar Tropfen Terpentin auf ein Zuckerstück oder legte Speckstreifen auf den Hals des Kranken. Gut gegen Kopfweh waren Essigwickel oder frische Blätter, z. B. vom Schwarzen Holunder. Das Laub wurde ein bisschen geklopft und gequetscht, dann auf den Kopf gelegt und mit einem Kopftuch festgebunden. Frischer Spitzwegerich, ebenfalls ein wenig geklopft, damit der Saft austrat, wurde zur Wundheilung verwendet und half auch bei Ausschlägen. Sehr beliebt als Kräftigungsmittel war ein gutes Weinchadeau. Besonders bei sich lange hinziehenden Krankheiten versprach man sich vom täglich gereichten Weinschaum mit Ei eine Stärkung.

Eiszapfen gegen gefrorene Füß'

Beim Schulgehen ist es schon vorgekommen, dass die Füße der Kinder gefroren waren. In der Schule ist zwar ein eiserner Ofen gestanden, da ist man ein wenig zuwigeschloffen, aber die Zehen waren manchmal stark aufgesprungen und sehr kalt, wenn man heimgekommen ist. Da hat die Mutter dann roggenes Mehl genommen und einen Eiszapfen, hat das miteinander abgerührt, bis es ein Koch geworden ist und hat den Brei dann auf die gefrorenen Füße aufgelegt. Das war ein gutes Heilmittel! Die Mutter hat unsere gefrorenen Füße auch oft in dem Wasser gebadet, in dem sie die Erdäpfel für die Schweindln gesotten hat.

Adelheid Pöllabauer, Gasen

Manche Personen zeichneten sich durch umfangreiches Heilwissen und durch besondere Geschicklichkeit aus. Einfache Bauern oder andere, nicht ausgebildete Personen wurden so zum „Boaheiler", zum „Zahnreißer" oder zum „Viechdoktor". Von den „Beinheilern" wurden oft wahre Wunderdinge berichtet, auf jeden Fall hatte man vollstes Vertrauen in ihre Heilkünste. *Wenn man einen Knochen gebrochen hat, ist man zum Boaheiler gegangen. Der hat alles wieder eingerichtet, eine Salbe draufgetan und dann den Bruch mit einem Holzspan geschient,* berichtet eine Altbäuerin.

Auch bei den Tieren griffen die Bauern zur Selbsthilfe, und es gab immer wieder welche, die eine besondere Begabung für die Tierheilkunde hatten. Oft lernte der Sohn vom Vater, und auch hier wurde das Wissen Generation für Generation in der Familie weitergegeben. Zu einem solchen Viehdoktor kamen die Bauern dann, wenn es z. B. beim Kalben Probleme gab oder wenn das Vieh nichts fraß. Selbstverständlich wurde für die Hilfe nie etwas verlangt, es sei denn, der dankbare „Kunde" brachte einmal ein Bündel Hafer oder eine andere Kleinigkeit vorbei.

Maria Berger aus St. Georgen ob Murau erzählt, wie ihr Vater, der *ein bissl ein Viehdoktor* war, die Tiere untersuchte und behandelte: *Er hat das Vieh ganz genau angeschaut, dann erst hat er seine Ratschläge erteilt. Gern hat er die Lunge abge-*

Hier kann auch der Viehdoktor nicht mehr helfen: vom Blitz erschlagenes Vieh auf der Zöbererhöhe bei Kapfenberg.

Familie Fladischer aus Kapfenberg

klopft oder das Ohr zum Vieh hingelegt und „gelost", genau hingehört. Wenn er sich nicht sicher war, dann ist er gegangen und hat in einem Buch nachgelesen. Für den Fall, dass ein Vieh nichts gefressen hat, hat der Vater immer Tabak eingesteckt gehabt. Denn durch die Bitterstoffe vom Tabak fangen die Magensäfte wieder an zu fließen. Oder er hat einen Sack voll Heu von einer ganz bestimmten Wiese mitgegeben. Das war eine ganz steile, trockene, magere Wiese, auf der nur bestimmte Kräuter wachsen, Fünffingerkraut oder Gänsefingerkraut. Die Kräuter, die auf einem mageren „Roan" wachsen, die entwickeln eine ganz besondere Kraft! Wenn die Viecher das fressen, werden sie wieder gesund!

Viele „Bauerntierärzte" bildeten sich durch das Lesen diverser Heil- und Kräuterbücher weiter. Auch der Vater von Frau Berger war sich nicht zu schade, im Zweifelsfall ein Buch zu Rate zu ziehen. Ausgefallene Heilmittel wie die „Biestmilch", die für Mensch und Tier gesund sein soll, fand er dort aber vermutlich nicht vor: *Beim Rotharnen hat er immer gezuckerte Milch gegeben oder Biestmilch, das ist die erste Milch nach dem Kalben. Nicht jede Kuh hat die gleiche Biestmilch, die eine hat eine ganz fette, die andere eine fast normale Milch. Für die Menschen haben wir ja auch Biesttommerl gemacht, weil's gesagt haben, das ist gesund. Aber das isst heute ja keiner mehr!*

Keusche Sitten

Früher war das nicht üblich, dass man zu seinem „Freund" ins Haus geht. Erst kurz vor der Hochzeit war das möglich. Man hat halt erfinderisch sein müssen und sich woanders treffen. Jahrelang bin ich mit meinem späteren Mann schon gegangen, ohne dass wir uns öffentlich treffen konnten, so wie es heute üblich ist. Wenn ich von der Arbeit nach Hause gefahren bin, ich war Kellnerin in einem Gasthaus, ist er mit seinem Freund auf der Mauer gesessen und hat mich gegrüßt: „Pfiat di!" Und ich habe auch gesagt, als ob nichts zwischen uns wäre: „Pfiat enk!" Zu ihm nach Hause hätte ich mich in der Zeit nie getraut, das hat es einfach nicht gegeben!

Mein Mann und ich sind schon drei Jahre miteinander gegangen, da ist es einmal nach einem Ball in Bad Aussee sehr spät geworden, es war schon vier Uhr in der Früh. Da haben sie dann ausnahmsweise im Elternhaus meines Mannes für mich ein Einbettzimmer hergerichtet. Im Nebenraum hat mein Mann sein Zimmer gehabt, aber natürlich ist er bei mir gelegen! Auf einmal klopft es an der Tür. Fragt die Schwägerin, ob ich eine Wärmeflasche brauch? Ob mir eh nicht kalt ist? Und er hat glatt gesagt: „Na, is eh schön warm!" In der Früh habe ich mich fast nicht mehr hinuntergetraut, so peinlich war mir das damals!

Mathilde Wachinger, Kainisch bei Bad Aussee

Fesche Buam und fesche Dirndln – anno dazumal regelte ein ungeschriebener Verhaltenskodex das Zusammenleben.

Familie Lukasch aus Ehrenschachen bei Friedberg

Gerti, Rosa und Elfi, drei hübsche Mädchen, 1951.

Familie Hödl aus Fischbach

Eine schöne fette Sau

Eine große Sau war der ganze Stolz einer Bäuerin! Immer wieder hört man diesen Satz, wenn alte Bauern und Bäuerinnen von der Vergangenheit erzählen. Die Aufzucht der Mastsau war Aufgabe der Bäuerin und erforderte viel Mühe und Fleiß, denn die Sau sollte so fett wie nur möglich werden. Eine dicke Speckschicht war sehr gefragt, schließlich musste damit der Fleisch-, und vor allem der Schmalzbedarf für die oft sehr große Familie samt dem Gesinde gedeckt werden. Eine Landwirtin aus der Südsteiermark erzählt: *Es hat geheißen, wenn die Sau beim Schlachten nicht genug Speck gehabt hat, ist die Bäuerin nicht tüchtig. So eine Sau hat ein paar hundert Kilo haben müssen!* Zur Zeit der Mästung, im Herbst, wurde nur das Beste, Erdäpfel, Türkenmehl, Hafermehl, Weizenkleie, im Gebirge auch Roggen und Hafer, gekocht und verfüttert.

In den letzten Adventtagen und vor Ostern wurde geschlachtet. Schon um das schwere Tier aus dem Stall zu ziehen und es auf den Schlitten, auf dem es rücklings festgehalten werden musste, aufzulegen, wurde meist Nachbarschaftshilfe benötigt. Oft hörte man: *Die Sau hat recht geschrien, die hat gemerkt, dass sie dran ist!* Sanft ging so eine Schlachtung keineswegs vor sich. Ohne Betäubung wurde das Tier „gestochen“, etwa 30 Zentimeter drang das Messer vom Hals bis direkt ins Herz ein. Das Blut wurde aufgefangen und sogleich im kalten Wasser gerührt, damit es nicht stockte, denn daraus sollten später die Blutwurst und das Bluttommerl zubereitet werden. Anni Gamerith, die große steirische Volkskundlerin, schreibt, dass es lange der Brauch war, ein Kreuz auf die Stirn der geschlachteten Sau einzuritzen und in dieses Kreuz „Weihsalz“, am Stefanitag in der Kirche geweihtes Salz, einzustreuen.

Im Sautrog wurde das Tier zuerst dick mit Kolophonium, dem Saupech, eingerieben, dann wurde es mit heißem Wasser übergossen, und darauf wurden alle Borsten mit einer Kette so gut wie möglich entfernt. Jetzt wurde die Sau aufgehängt oder auf einen „Schragen“ gelegt. Größere Tiere wurden meist „gehäutelt“, das heißt, die Haut wurde sauber mit breiten, kurzen Messern abgelöst und zu Sauleder verarbeitet. Saulederne Schuhe waren zwar weder warm noch wasserdicht, dennoch wurde fast ausschließlich solches Schuhwerk getragen, weil dieses Leder ausreichend zur Verfügung stand.

Nach dieser Prozedur wurden Kopf und Füße abgetrennt, überbrüht und gereinigt. Falls das Schlachten in die Faschingszeit fiel, musste man darauf achten, dass man den Sauschädel besser nie aus den Augen verlor,

Artgerechte Tierhaltung im Jahr 1930: Die Muttersau und die „Fakeln", die Ferkel, dürfen frei im Hof herumlaufen.

Familie Aschenbrenner aus Spital am Semmering

Diese mehrjährige Mastsau wurde auf 510 Kilogramm aufgemästet und zur Faschingszeit 1929 geschlachtet.

Familie Prenner aus Steirisch-Tauchen

und ihn gut verstecken. Denn man wusste nie, ob nicht Nachbarsburschen um das Haus schlichen, um nach altem Brauch den Sauschädel zu stehlen. Gelang es ihnen dennoch, den Schädel unbemerkt davonzutragen, dann durften sich die Hausleute am Abend auf einen gehörigen Wirbel, den „Sauschädeltanz", gefasst machen.
Nun wurde das Tier aufgemacht, Gedärme und Innereien wurden herausgenommen. Zuerst wurde der Darm entfernt, dann der Magen, die Leber und die Lunge, alles in der richtigen Reihenfolge. Die Sau wurde halbiert und musste einen Tag und eine Nacht lang auskühlen. Inzwischen wurde ein gutes Beuschl gekocht, und Magen und Darm wurden gesäubert. Das Darmputzen war eine ungeliebte Tätigkeit, an der aber kein Weg vorbeiführte. Die feinen Därme mussten innen und außen geputzt werden, um sie später als Wursthaut verwenden zu können. Die dickeren Därme wurden ebenfalls gesäubert, dann aber gekocht und an die Hühner verfüttert.
Zuerst wurde die Speckseite weggeschnitten. Das meiste davon wurde eingesalzt und geräuchert, wie auch der Großteil des Fleisches, ein Teil der „Fettn" wurde zu Grammeln und Schmalz verarbeitet. Wenn der Duft der frisch ausgelassenen Grammeln das Haus erfüllte, rief die Bäuerin zur Vormittagsjause: Frische, heiße, gesalzene Grammeln aus der „Rein" mit Brot waren eine seltene Delikatesse!
Monatelang war nur Geselchtes auf den Tisch gekommen, nun endlich gab es grünes, also frisches Fleisch. Ein guter Schweinsbraten, heiße Grammeln, frische

Saufleisch oder Schweinefleisch?

Ich werde so zehn Jahre alt gewesen sein, da hat mein Bruder die Gelbsucht gekriegt. Weil wir gerade geschlachtet haben, hat mich die Mutter zum Doktor geschickt, fragen, ob der Bub Schweinefleisch essen darf oder nicht. „Herr Doktor", habe ich gefragt, „darf er Saufleisch essen?" „Nein, darf er nicht, mein Kinderl!", hat unser Doktor freundlich geantwortet. Ich habe mich auf den Heimweg gemacht, aber nach einem Stückerl bin ich unsicher geworden und doch noch einmal zurück. „Herr Doktor", habe ich ihn jetzt gefragt, „darf er Schweinefleisch auch nicht essen?" Da hat er mich umarmt und gedrückt und hat gesagt; „Richt' deiner Mutter einen schönen Gruß aus und sag' ihr, er darf Schweinefleisch nicht essen und Saufleisch auch nicht!" Genau so habe ich es daheim gesagt, und alle haben gelacht, und ich hab nicht gewusst, warum.
Mein Bruder hat vom Arzt eine sehr strenge Diät verordnet bekommen. Man kann es heute fast nicht mehr glauben, aber er hat ihm nur erlaubt, „Mutzerlfleisch" zu essen, das Fleisch von jungen Katzen!

Maria Pastolnik, Wuggitz

Im Sautrog wird das Schwein mit Saupech eingerieben, mit heißem Wasser überbrüht, und dann werden mit einer Kette alle Borsten entfernt. Auf diesem Bild passt der Hund Wodi gut auf das Schwein auf!

Familie Schwaiger aus Krieglach

Schlachttag Mitte der 1950er-Jahre bei Familie Fink in Unterweißenbach.

Familie Melbinger
aus Unterweißenbach bei Feldbach

Würstl, ein Beuschl – das waren die Köstlichkeiten eines Schlachttages. Auf diesen Tag freute man sich wie auf einen Festtag. Auch ein gutes Bluttommerl gab es nur an diesem besonderen Tag, mit den richtigen Gewürzen, mit Reis und frischen Grammeln ein Gedicht! Das restliche Fleisch wurde geselcht oder mancherorts auch in ein Fass eingelegt.

Verklärt die Erinnerung so manches, oder war der Speck früher wirklich besser? Ein Altbauer erinnert sich: *Wenn du den Speck in den Mund genommen hast, ist er zergangen, so zart war der! Die Schweine haben früher länger Zeit gehabt, sie haben langsam wachsen können. Dass die Sau so richtig fett geworden ist, dafür war die Bäuerin zuständig. Die Abfälle und die Erdäpfel, alles war für die Sau, und ein Gsott hat die Bäuerin auch noch für die Schweine gekocht. Im Sommer hat sie für die Sau extra ein ganz feines Futter gemäht, Saugras und Kleefutter. Und die Rübenplotschn hat auch die Sau gekriegt. Der Speck von so einer Sau, der hat gut geschmeckt, der ist dir auf der Zunge zergangen! Heute ist so ein Speck eine Rarität!*

Um eine Sau fachgerecht „auszunehmen“, ist viel Fachwissen nötig.

Familie Wallner aus Krennach bei Riegersburg

Das „Woazschälen“

Das „Woazschälen“ in der Oststeiermark war – wie das Brecheln oder auch das Dreschen – eine Arbeit, die man gemeinsam mit den Nachbarn verrichtete. Immer wurden einige Fuhren Mais heimgeführt und in Gemeinschaft geschält. An einem Abend wurde bei diesem Bauern geschält, am anderen Abend bei jenem – oft dauerte es drei Wochen, bis auf jedem Hof im Dorf der Kukuruz geschält war. Vor der Vollmechanisierung des Maisanbaus wurde der „türkische Woaz“, der Mais, mit der Hand „ausgebrockt“ und danach in Gemeinschaftsarbeit entblättert. Erklang vor einem Haus am Abend Harmonikaspiel, so wussten alle, dort ist heute „Woazhäuten“ angesagt. Jung und Alt kamen zusammen, und es wurde gearbeitet, dass die „Woazgschaler“ nur so rauschten. Die Stube war ausgeräumt, denn hier wurden die Körbe mit den Maiskolben entleert. Die Kolben wurden nur so weit entblättert, dass man sie noch an den verbleibenden Blättern aufhängen konnte. Von den älteren Männern, den Bindern, wurden die so vorbereiteten Kolben zu viert oder zu sechst zusammengeknüpft und dann später, gebunden, zum Trocknen auf Stangen unter dem Dach aufgehängt.

Arbeit macht Spaß!

Wir haben den Woaz mit dem Ochsen heimgeführt, im Hof abgeladen und dann auf dem Kopf mit einem Korb in die Stube getragen. Dort haben wir mit den Woazstrietzln einen großen Haufen gemacht. 30, 40 Leut sind dabei gesessen und haben den Woaz geschält und in herumliegende Körbe geschmissen und anschließend auf den Boden hinaufgetragen. Wir haben uns bemüht, dass wir so schnell wie möglich mit der Arbeit fertig waren, damit wir endlich tanzen haben können. Nach dem Woazschälen ist schnell aufgeräumt worden, zusammengekehrt und sofort getanzt. Darauf haben schon alle gewartet! Ich kann mich erinnern, in einem Haus ist bis zwei in der Nacht Woaz geschält worden, und dann sind alle schlafen gegangen. Das war eine Enttäuschung für uns. Dort sind wir nie mehr hingegangen!
Sonst war meistens um elf Uhr Schluss mit der Arbeit, und bis eins in der Nacht ist dann getanzt worden. Das Woazschälen war eine gute Gelegenheit, dass die Buam und die Dirndln sich besser kennen lernen. Da hat man sich dann die Männer genauer anschauen können, sonst war dazu ja nie Gelegenheit.

Maria Pastolnik, Wuggitz

Arbeit am Maisacker, hier das „Woazhaun". Als „Woaz" bezeichnet man in der Oststeiermark den Mais, der Weizen selbst wird auch als „Kloawoaz", kleiner Weizen, bezeichnet.

Familie Tschemernegg aus Untergreith

In den 1950er-Jahren schälte man den „Woaz" noch im Schein der Petroleumlampe.

Familie Skringer aus Gamlitz

Beim Woazschälen ging es recht lustig zu, es wurde gesungen und gescherzt. Wurde auf einem Betrieb noch vierfärbiger Mais angebaut, der sich dann auf den Äckern kreuzte, so war das Anlass zu allerlei Wahrsagespielen. Erwischte ein Dirndl einen roten Kolben, so hieß dies, sie werde innerhalb eines Jahres heiraten, ein rotscheckiger dagegen zeigte die Auflösung einer Verlobung an. So manches Mädchen machte einen „Woazstrietzl" schnell wieder zu, wenn er beim Öffnen nicht gelb leuchtete, und schob ihn heimlich einem anderen Mädchen oder Burschen zu. Manchmal versteckte auch die Bäuerin einen Sack mit Nüssen im „Woazhaufen". Fand jemand diesen Sack, war dies das Signal für eine Balgerei, und die jungen Leute ruhten nicht eher, bis sie sich die Taschen mit Nüssen vollgestopft hatten.

Natürlich wurde zumeist für eine kräftige, gute Jause für die Helfer gesorgt. Doch wie karg die Kost einst sein konnte, daran erinnert sich eine Bäuerin aus der Südsteiermark: *In den 40er-Jahren, als meine Mutter zum Hof hergekommen ist, wollte sie den Woazschälern als Jause Brot mit Schmalz und Most geben. Da hat die Bäuerin gesagt: „Das geht nicht, dass du die guten Sachen so verschleuderst! Mit dem Schmalz muss man sparen, nur Brot und Most reicht auch."*

Nach dem Abschälen, meist schon nahe um Mitternacht, ging die Unterhaltung aber erst so richtig los. Bei manchen Bauern spielte die „Woazhäutermusi", grob übersetzt die Maisschälermusik. Bis Mitternacht wurde noch ausgiebig getanzt, gesungen und gejauchzt. Als Abschluss war der Polsterltanz sehr beliebt, und der Letzte, mit dem niemand getanzt hatte, wurde mit dem Besen von der Tanzfläche verjagt.

Der ausgeschälte Kukuruz wurde aufgehängt, die „Gschaler" oder „Fesen" wurden entweder dem Vieh verfüttert oder im Sonnenschein getrocknet und zu Matratzen verarbeitet. Der getrocknete Mais schließlich wurde auf der „Woazriffel" abgeriffelt und danach zu Türkenmehl oder Polentamehl verarbeitet oder als Schrot an die Schweine verfüttert.

Auch am Hof des Bauern Johann Gieferl wird Woaz geschält – mit tatkräftiger Unterstützung der Bauern aus Öd und Eichberg-Bergen.

Maria Gosch aus Öd

Nicht nur beim Woazschälen sorgte der Harmonikaspieler für gute Laune. Die „Harmonie", wie hier bei einer Buschenschankunterhaltung, war das klassische Musikinstrument bei einer „Unterhaltung".

Familie Narat aus Leutschach

„Alles, was schneller geht wie ein Ochs, is a Klump!“

Mancher Altbauer erinnert sich noch daran, was man so sagte, als die Technik am Bauernhof Einzug hielt, und man sich mit dem neumodischen Zeug nicht anfreunden wollte: *Alles, was schneller geht wie ein Ochs, is a Klump!* Für die bäuerliche Kultur bedeutete die Mechanisierung der Landwirtschaft ab den 1950er-Jahren tatsächlich eine tiefgehende Umwälzung. Nach der Überwindung der ärgsten Nachkriegsprobleme machte man sich nicht nur gezielt daran, den Wegebau und die Elektrifizierung voranzutreiben, sondern auch die Mechanisierung. Einen wesentlichen Beitrag dazu leisteten die bäuerlichen Umstellungsgemeinschaften, welche die Betriebe mit Rat und Tat unterstützten.

Dennoch, leicht war die Umstellung nicht, vor allem für die ältere Generation. Altbürgermeister Konrad Zeiler aus Niederöblarn bezeichnet das Jahrzehnt von 1950 bis 1960 als jene Zeit, in der sich eine stürmische technische Entwicklung in der Landwirtschaft abspielte, das hätte es vorher nicht gegeben und nachher auch nicht mehr. Er, der Ex-Bürgermeister, Jahrgang 1936, gehöre zu jener Generation, die in diese „Revolution“ hineingeboren wurde: *Die Technik in der Familie haben wir großen Buam übernommen, weil der Vater damit nicht mehr zurechtgekommen ist. Schon mit 14 bin ich mit dem Motormäher gefahren, das war noch ein Reform-Mäher, der hat nicht einmal einen Rückwärtsgang gehabt. Er hat immerhin an die 150 Kilo gewogen, und ich habe ihn händisch zurückziehen müssen!* Wohl habe noch der Großvater zwei Motoren gekauft, einen für die Dreschmaschine und einen für die Kreissäge, aber diese in Gang zu bringen, sei eine eigene Wissenschaft gewesen: *Der Motor für die Dreschmaschine hatte eine Frischwasserkühlung. Ständig hat ein großes Fassl Wasser neben dem Motor stehen müssen. Das alles war eine große Prozedur: das Wasser erhitzen, denn es hat immer warm sein müssen, das Wasser tragen, den Motor händisch mit einem Triebel antreiben.*

Aber nicht alle waren glücklich mit dieser Entwicklung. Beim vulgo Grundner in St. Georgen ob Murau war der Getreideacker extrem steil, zu steil, um ihn mit Traktoren oder Mähmaschinen zu bearbeiten. Wenn man ins Tal blickte, sah man dort unten auf den Feldern die Mähdrescher. *Den Mähdrescher vor Augen, hat uns die Arbeit nicht mehr gefreut: Die waren schnell fertig, und wir haben so lang und mühsam arbeiten müssen.*

So war es einmal! 1948 übersiedelte der gesamte Hausrat der achtköpfigen Familie Weghofer noch mit Pferd und Wagen von Parschlug nach St. Kathrein.

Familie Fladischer aus Kapfenberg

Der erste Traktor von Wenigzell! Das Foto zeigt Johann Tiefengrabner vulgo Hansl im Schöngrund beim Mistführen im Jahr 1939.

Familie Sommersguter aus Wenigzell

Unaufhaltsam hielt die neue Zeit Einzug, vielleicht kurz zusammengefasst mit einem Satz: *Die Traktoren sind gekommen, und dann haben wir die Ross nicht mehr gebraucht!* Innerhalb weniger Jahre wurde das Pferd vom Traktor verdrängt. Warchalowski, der legendäre „15er" von Steyr, Lindner – das waren die gängigsten Traktorenmarken in den 1950er-Jahren. Aber der Fortschritt hatte auch seine Tücken. Lassen wir noch einmal Konrad Zeiler zu Wort kommen: *Damals haben wir manchmal mehr Glück als Verstand gehabt, wenn nichts passiert ist. Auf den Traktoren war noch nicht einmal ein Sturzverdeck drauf! Ich habe ja auch keinen „Meister", gehabt, der mir gesagt hat, da kannst noch hinfahren und auf den steilen Hang kannst du nicht mehr hinauffahren. Man hat praktisch selber draufkommen müssen, wo es geht und wo es nimmer geht. Man hat selber herausfinden müssen, wo das Limit liegt!*

Viele junge Frauen waren der Motorisierung gegenüber sehr aufgeschlossen. Auf dem Bild ist Johanna Kogler zu sehen, die 1953 beim Bezirks-Traktorgeschicklichkeitsfahren als einziges Mädchen unter lauter Burschen den zweiten Platz erreichte.

Familie Kogler aus Hainersdorf

Der erste Traktor – die Sensation vom Berg

1957 hat meine Mutter gesagt: „Wir sind so weit heroben am Berg, und ewig zu Fuß gehen, das geht nicht!" Also hat meine Mutter den Führerschein gemacht, und wir haben uns um 37.000 Schilling den ersten Traktor gekauft. Der Vater hat den Führerschein erst viel später gemacht, bei uns war halt die Mutter immer zuerst für das Neue zu begeistern. Aber ohne die Zustimmung vom Vater wäre das nicht gegangen. Der Traktor war die Sensation am Berg! Es hat sonst zu dieser Zeit noch keiner ein Fahrzeug gehabt, jeder ist noch mit den vorgespannten Ross gefahren. Der Traktor war nicht nur ein Arbeitsgerät, am Sonntag sind wir auch alle damit zur Kirche gefahren! Bis zu zehn Leute sind hinten draufgestanden, es hat ausgeschaut wie ein Bienenschwarm. Man darf nicht vergessen, der Traktor ist nur 18 km/h gegangen. Beim Hinauffahren hat der ordentlich geschnauft!

Anton Spreitzer, St. Lorenzen ob Murau

Der Besitzerstolz ist ihm ins Gesicht geschrieben! Franz Erregger aus Weißkirchen lässt sich mit dem ersten Dieselmotor des Betriebes fotografieren.

Familie Rinder aus Weißkirchen

Alte und neue Zeit prallen aufeinander: Dreschmaschine und Motor werden von einem Kuhgespann gezogen! Dieses Bild ist typisch für die 1950er-Jahre, in denen die Motorisierung noch nicht Fuß gefasst hatte, aber die Zugtiere doch schon „Auslaufmodelle" waren.

Familie Mayer aus Gossendorf bei Feldbach

Die Heuernte

Zur Zeit der Heumahd hörte man abends vor fast jedem Gehöft den damals wohlbekannten Ton des Dengelns, des Schärfens der Sense mit einem Spezialhammer. Eine Altbäuerin erinnert sich: *Bam, bam – das Geräusch hast du überall gehört! Das Dengeln hat man aber können müssen! Wenn man es nicht richtig verstanden hat, dann hat die Sense Blodern gekriegt und war dann nicht mehr zu verwenden.* Es ist noch gar nicht so lange her, da hörte man das Klopfen der Dengelhämmer Tag für Tag zur Zeit der Heuernte, am frühen Morgen und vor allem gegen Abend, und das Ganze vier, fünf Wochen lang.

Zum Aufstehen war es um drei Uhr in der Nacht, denn gemäht wurde am frühen Morgen, solange noch der Tau auf den Wiesen lag und sich das feuchte Gras gut schneiden ließ. Oft war es noch so dämmrig, dass man die Funken sah, wenn die Sense einen Stein streifte. Die gleichmäßigen, fast geräuschlosen Bewegungen der Mahder wurden nur vom Wetzen der Sensen unterbrochen. Jeder Mäher trug einen Wetzstein bei sich, aufbewahrt in einem mit Wasser gefüllten „Kumpf" aus Holz oder Horn. Die Männer mähten so lange, bis das Gras trocken war, etwa bis neun Uhr. Ein heute 75-jähriger Mann erzählt: *Wenn gemäht wurde, waren nicht nur die Knechte und die Bauersleute, sondern meistens auch noch zusätzlich fremde Mahder dabei. Jeweils sechs bis sieben Männer haben in abgesetzter Reihe gearbeitet. Wenn es dann zum Frühstücken war, waren die Mahder oft schon recht lustig. Denn sie haben bereits in aller Früh Most und aufgeweichtes Brot gegessen!* Das gewöhnliche Frühstück aber war eine saure Suppe und Sterz. Eine Bäuerin schildert eine Jause zur Erntezeit: *Den Mahdern hat man Brot und eine dicke Milch gebracht. Die Dickmilch ist in eine große Schüssel geschüttet worden, und einer hat sie zwischen die Füße genommen, wenn es ein wenig steil war. Alle sind um die Schüssel gekniet und haben herausgegessen.* Bei einem so gesunden Frühstück ist es kein Wunder, wenn die Mäher bei Kräften blieben!

Es waren übrigens nicht ausschließlich Männer, die die anstrengende Arbeit des Mähens beherrschten. Manch einer hat ganz schön „geschaut", wenn eine Frau beim Mähen nicht hinter ihm blieb! Auch die zum Teil sehr steilen Bergwiesen mähten Frauen. Eine Bäuerin aus Rohrmoos denkt an so manche gefährliche Situation zurück: *Die schwerste Arbeit war*

Das Dengeln einer Sense gehört zu den wichtigsten und zeitaufwändigsten Vorbereitungen für die Heumahd. Dabei wird die Schneide des Sensenblatts mit dem Dengelhammer gleichmäßig dünn ausgetrieben.

Familie Pall aus Wettmannstätten

Die Mahder beim Wiesenmähen, 1939. An dieser Stelle befindet sich heute nur noch Wald.

Familie Pastolnik aus Wuggitz bei Großradl

Der Heurechen – einst eine Arbeitserleichterung, heute ein Stück fürs Museum.

Familie Brodschneider aus Wundschuh

für mich Holzschneiden mit der Säge und gleich danach das Mähen mit der Sense auf den sehr steilen Wiesen. Da hat man nicht einmal gerade stehen können, so steil war es da. Mit dem rechten Fuß ist man immer weiter unten gewesen. Das war eigentlich allweil recht gefährlich!

Wenn die Sonne höher gestiegen war, nahm jeder eine Heugabel und drehte das „Futter" um, damit es trocknen konnte, nachdem es die Frauen schon vorher auseinandergestreut hatten. Meistens am nächsten Tag wurde das Heu zusammengerecht, dann wurden

Die Kunst, einen Heuschober zu machen

Wir Kinder haben die Schöber getreten, das war eine schwere Arbeit. Du hast oben im Heu immer im Kreis gehen müssen, zwei haben Heu hinaufgefasst, und du hast es nehmen müssen und festtreten. Man hat sich an der Stange in der Mitte orientiert und immer versetzt Heu daraufgegeben. Einerseits hätte es schnell gehen sollen, wenn das Wetter getrieben hat, andererseits ist dir aber wieder schwindlig geworden. Es war einfach eine Gefühlssache.
So ein Heuschober hat ausgeschaut wie eine Birne. Beim Boden ein bissl zsamm, damit nicht so viel auf der Erde aufliegt, dann breiter und oben wieder eng. Zum Schluss hat man aus Heu einen Kranz gedreht, der ist als Abschluss auf den Schober draufgekommen, als Schutz vor dem Regen. Der Sinn war, dass das Wasser außen abrinnt und nicht das ganze Heu nass wird.
Wenn das Heu schön trocken war, haben wir fünf oder sechs Schöber mit einem Strick zusammengebunden, die Stangen ein wenig gelockert und mit dem Pferd nach Hause gezogen. Unser Hof ist unterhalb gelegen, und so war es möglich, die Schöber einfach über die Leitn hinunterzuziehen. Gefährlich war das schon, weil, wenn die zum „Walken" anfangen, dann kollert auch das Ross hinunter. Wir Kinder sind immer am letzten Schober oben gesessen, für uns war das Heimfahren das Lustigste an der ganzen Sache! Wenn die Heuarbeit ganz fertig war, hat es oft große Belohnungen für uns Kinder gegeben: einen Ausflug ins Possegg, nach Piber fahren oder eine Wallfahrt machen.

Maria Hochörtler, Stanz im Mürztal

Beim „Tretschober" mussten die kleineren Kinder „Schober treten", während die Großen bereits beim Schiebern, dem Schlichten des Heus, helfen durften.
Familie Fuchs aus Oberweg

Bereits Anfang der 1950er-Jahre hielt die Motorisierung Einzug. Hier einer der ersten Handmäher mit Motor.

Familie Polzhofer aus Pöllau

Endlich, der Heuschober ist fertig! Dieses Bild entstand auf einer Bergwiese in der Nähe von Turnau.

Familie Winter aus Fladnitz an der Teichalm

Jausnen bei der Heuarbeit in fröhlicher Runde, 1939.

Familie Edler aus Götzendorf bei Pöls

die „Hiefln" gemacht. Hiefln, Schwedenreiter, Schöberln, Heumandln – Vorrichtungen und Techniken, um das Heu zu trocknen, gab es einige, denn feuchtes Gras kann natürlich nicht heimgeführt und gelagert werden. Eine Sorge plagte die Mahder daher ständig: *Dauernd hatten wir Angst, dass es regnen könnte oder ein Gewitter aufzieht. So schnell wie möglich wurden bis zu 100 Schöberln gerichtet und dann, wenn möglich, auf den Heuwagen geladen.* Selbst sonntags, ein Tag, an dem sonst nur die notwendigsten Arbeiten gemacht wurden, musste bei drohendem Unwetter „gheigt" werden.

Beim Aufladen des Heuwagens war die verantwortungsvollste Aufgabe die des „Fassens". Das Heu auf den Leiterwagen aufzulegen, war eine wahre Kunst und erforderte viel Geschick. In der Mitte sollte möglichst wenig Heu liegen, damit der hoch beladene Wagen nicht ins Wanken geriet, dennoch durfte die Ladung auf keiner Seite überhängen. Es sollte kein Heu verloren gehen, und wem die Fuhre umkippte oder abrutschte, der brauchte sich um den Spott der Nachbarn nicht zu sorgen. Das „Heufachtl" sollte hoch und stattlich sein und oben nicht zu schmal werden. Der „Fasser" stand oben, griff nach den Heubüscheln und platzierte sie an die richtige Stelle. War die Fuhre fertig gefasst, wurde der Bind- oder Heubaum, manchmal auch Wischbaum genannt, daraufgelegt und mit einem Seil niedergebunden. Nun wurde noch das herabhängende Heu abgerecht, bevor der Wagen schwankend heimfuhr. Oft wurde vor einem drohenden Gewitter noch in aller Eile der Wagen beladen, und während der Heimfahrt blitzte und donnerte es bereits.

Wenn das Heu aber einmal trocken und wohlbehalten in der Tenne lagerte, war es nicht nur Futter für das Vieh, sondern diente gelegentlich auch als Schlafstatt für Einleger, Wanderer, Taglöhner und fahrende Händler. Eine solche Bettstatt war durchaus nicht unbequem! Wer sich schon einmal zum Schlafen in frisches Heu eingegraben hat, der weiß, wie warm es sich dort ruhen lässt.

Die Leiterwagen stehen bereit, um das getrocknete Heu heimzubringen.

Familie Winter aus Fladnitz an der Teichalm

Die Heuernte war schwere Handarbeit, das Mähen mit der Sense ebenso wie das Wenden des Grases und das „Schiebern", das Heuschober-Machen.

Familie Koska aus Stubenberg am See

Krautgrube und Troadkasten

Das Haltbarmachen der Lebensmittel war in einer Zeit ohne Kühlschrank und Kühltruhe von essenzieller Bedeutung. Man sagte nicht ohne Grund: *Im Herbst darf die Bäuerin nicht mehr aus dem Haus, da hat sie drinnen genug Arbeit!* Jetzt galt es, so viel wie möglich „einzuwintern". Da die Hühner normalerweise im Winter in die Mauser gehen und aufhören, Eier zu legen, wurden im Herbst hunderte Eier eingelegt, zum Beispiel in Gerste oder in Mais, und für Monate konserviert. Der Rettich wurde im Garten frostsicher eingegraben: In ein entsprechend großes Loch kam zuerst etwas Tannenreisig, darauf der Rettich, dann wieder Reisig und schließlich als Abschluss Erde. Auch Möhren und anderes Wurzelgemüse, das man für eine gute Suppe brauchen konnte, wurden eingewintert.
Einen hohen Stellenwert hatte das Kraut, das Sauerkraut ebenso wie das „Gepplkraut" und das Grubenkraut. Kraut stand im alten Bauernhaus fast täglich auf dem Tisch, als sättigende Speise, mit viel Schmalz und ein wenig klein geschnittenem Selchfleisch. Kraut, Erdäpfel, Knödel – das machte satt und war ein ausgiebiges Essen. Eine Bäuerin erinnert sich: *Wir haben das gegessen, was die Jahreszeit hergegeben hat und nicht so viel eingelagert. Wir haben von dem gelebt, was die Natur gerade hergegeben hat. Nur Kraut und Erdäpfel hat es das ganze Jahr über gegeben. Es ist kaum ein Tag gewesen, an dem wir einmal keine Erdäpfel gehabt haben! Aber unser wichtigstes Lebensmittel war das Brot, an zweiter Stelle die Erdäpfel, dann Milch und Kraut.*
Sehr praktisch war die Krautgrube, ein mit Holz ausgeschlagenes Erdloch. Gepplkraut, also ganze Krautköpfe, wurden vorgedünstet, in die Grube geschlichtet und von oben gut abgeschlossen. Diese Grube war ziemlich frostsicher, und die Bäuerin hatte so den ganzen Winter über Kraut zur Verfügung.
Eine wunderbare Sache war auch das Butterschmalz, geläutertes Rindsschmalz. Beim Läutern wird die Butter erhitzt, damit das Wasser verdunstet. Die Butter wird dadurch nicht nur haltbar, sie erhält auch neue Qualitäten in der Küche: Sie wird zu feinstem Bratfett, das nicht wie frische Butter schäumt, spritzt und leicht verbrennt. Dort, wo Milchwirtschaft betrieben wurde, stand im Keller meist auch ein Kübel mit hellgelbem Butterschmalz, das, kühl aufbewahrt, mindestens ein Jahr haltbar war. Viel und bestes Schmalz war der Stolz der Bäuerin und ebenso wie ein Schrank voll bester Leinwand ein Zeichen für ihre Tüchtigkeit und ihren Fleiß.

In einer Rauchkuchl wie dieser setzt sich der Rauch an der Zimmerdecke ab und bildet den so genannten Rauchhimmel. In der Zeit nach dem Schlachten leistet der Rauch wertvolle Dienste – das aufgehängte Fleisch, die Würste und der Speck werden langsam geräuchert.

Familie Sonnleitner aus Übelbach

Eine andere Art der Vorratshaltung war das Selchen des Fleisches. Zweimal im Jahr wurde geschlachtet, und nur ein verschwindend geringer Teil wurde frisch als Braten verzehrt. Das Schweinefett wurde zu Schmalz ausgelassen und so haltbar gemacht, das geselchte Fleisch in Fett oder Getreide eingelegt oder auch an Haken aufgehängt. Eine Bäuerin aus der Südsteiermark erinnert sich, dass „die ganze Sau" in ein Fass eingelegt wurde: *Das Fass war eine Art großer Holzkübel, und darin hat das Fleisch sehr gut gehalten. Das Fleisch ist zuerst zehn Tage in der Sur gelegen und dann drei bis vier Tage geselcht worden. Danach hat man das Fleisch gebraten und eingelegt. In das Fass ist zuerst eine Schicht Fett gekommen, dann eine Schicht Fleisch und immer so weiter und zum Schluss wieder Fett.*
Im Stanzertal hingegen erinnert man sich an eine andere Art, das geräucherte Fleisch aufzubewahren: *Bei uns in der Gegend, bei unseren Vaterleuten war es üblich, Geselchtes in das Getreide zu legen. Im Troadkasten haben wir entweder ins Korn oder in den Weizen das Geselchte Schicht für Schicht eingelegt. Auf diese Art war das Fleisch richtig abgeschlossen,*

Oh Maria, Maden in der Suppe!

Wir waren vier Kinder daheim und der Vater im Krieg, da hat die Mutter zu den Bauern arbeiten gehen müssen. Geld hat sie dafür keines gekriegt, aber wir haben wenigstens zu essen bekommen. Das war schon viel wert damals, zu einer Zeit, in der auch die Bauern nicht viel gehabt haben. Zu Mittag hat es meistens eine geselchte Suppe gegeben. Alle sind um einen Tisch gesessen, und die Bäuerin hat einen großen Häfen auf den Tisch gestellt.
Früher sind die Schinken im Ganzen geselcht worden, dann hat man sie sechs Wochen auf den Dachboden gehängt. Manche waren so verdorben, dass man nur noch außen die Hülle gesehen hat, und innen waren tausende Maden drinnen, die sind weggeworfen worden. Wenn aber nur wenige Maden neben dem Knochen drin waren, dann ist damit noch eine Suppe gekocht worden.

Wir Kinder haben gerade über den Rand in den Suppenhäfen schauen können, aber soviel habe ich als kleiner Bub gesehen, dass da Maden drinnen waren. Es war ja eine Rauchkuchl, schön finster, mit nur wenig Licht, aber dass da was nicht stimmt, habe ich gesehen. „Oh Maria, Maden!", hab ich mir gedacht. Jetzt sind die Knechte hergegangen und haben die Maden immer mit dem Löffel weggeschoben. Der nächste hat das Gleiche gemacht, wegschieben und einen Löffel essen. So ist es dann weitergegangen. Die Maden sind hin und her geschoben worden. Jeder hat gehofft, dass der andere die Maden erwischt, damit sie weg sind. Dann war die Schüssel leer – und keine Made mehr da. Da hab ich mich schon gewundert, wo die jetzt hin verschwunden sind!

Karl Friedl, Markt Hartmannsdorf

Kluge Vorratshaltung und fachgerechte Konservierung waren notwendig, um in einer Zeit ohne Kühlgeräte kochen und wirtschaften zu können.

Familie Zajac aus Lannach

es sind keine Fliegen dazugekommen und es ist auch nicht ausgetrocknet. Im Troadkasten war das Mittagessen für das ganze Jahr: ein Geselchtes, und dazu hat die Mutter meistens runde oder eckige Grießknödel gemacht.

Ebenfalls im Troadkasten aufbewahrt, aber luftig aufgehängt, wurde das Fleisch im Sölktal. Ein Bauernsohn beschreibt diese Art der Vorratshaltung: *Dass wir das Geselchte im Troadkasten aufbewahren konnten, das hat nur mit Mausdach funktioniert. Oben, unter dem Dach, war ein Aufbewahrungsraum, da ist das Fleisch an den Haken gehängt. Deshalb war es so wichtig, dass das Dach absolut mausdicht und fliegensicher war! Vorne und hinten war ein kleines Fensterl mit Fliegengitter, da hat nichts hineinkönnen!*

Die Sau als Haustier

Eine Sau war bei uns fast wie ein Haustier. Wir haben sie als Wuggerl, als Ferkel, von einem Nachbarn geschenkt bekommen, weil die „Fadlsau", die Muttersau, sie verstoßen hat. Wir Kinder haben sie in der Stube aufgezogen. Im Ofenloch unter dem Herd haben wir ihr ein Bett gemacht und sie auch schön zugedeckt. Sie ist von uns richtig verwöhnt worden! Wir haben sie mit Grießkoch gefüttert und mit ihr „umgearbeitet" wie mit einer Puppe.

Mit etwa 10 Kilo Gewicht hat sie aber aus dem Haus müssen, auch weil sie dann beim Spielen schon öfters zugebissen hat. Weil wir das Tier von klein auf gekannt haben, haben wir eine enge Beziehung zu ihm aufgebaut. Diese Sau war sehr zutraulich und ist auch mit fremden Leuten mitgegangen. Darum war das Abstechen auch ein Problem. Da hat man nicht nachdenken dürfen.

Die Muttersauen sind bei uns mit den Jungen im Freien herumgesprungen, und wir Kinder haben mit ihnen gespielt. Wenn eine Sau zum Belegen war, haben wir Kinder sie angebunden und zum Bär getrieben. Auf dem Weg hat die Sau öfters rasten müssen. Dann hat sie sich einfach hingesetzt und wir Kinder auch, und wenn sie ausgeruht war, sind wir wieder gemeinsam weitergegangen.

Sauen sind überhaupt leicht zutraulich geworden. Nur schlagen hat man sie nicht dürfen, denn dann war die enge Beziehung vorbei.

Maria Pastolnik, Wuggitz

Eine Sau kann sehr zutraulich werden, besonders wenn sie, wie hier, frei herumlaufen kann.

Familie Moik aus Kaltenbrunn

Gekaufte Spielsachen besaßen die Kinder am Land selten. Sie spielten mit dem, was die Natur hergab, mit Zapfen, Ästen und auch mit jungen Tieren.

Familie Urdl aus Wetzawinkel bei Gleisdorf

Der „Heatrager“

Herumziehende Handwerker und Wanderhändler waren früher keine Seltenheit. Sie gingen von Dorf zu Dorf, von Haus zu Haus, um ihre Dienste und Waren anzubieten. Oft kündigten sie sich durch lautes Rufen an: *Der Messerschleifer ist da!* Im Gegensatz zu den Störhandwerkern, die auch, meist auf eine Einladung hin, von Haus zu Haus zogen, blieben diese Menschen nicht mehrere Tage an einem Ort. Sie schlossen ihr Geschäft ab und zogen weiter, abends durften sie bei wohlmeinenden Bauern im Schuppen schlafen. Eine Bäuerin erzählt: *Bei uns sind sie gleich von selber in die Tenne gegangen. Sie haben gewusst, da darf ich bleiben!*

Eine Besonderheit in der Südsteiermark waren die „Heatrager“, die Hühneraufkäufer, mit ihren großen Kraxen. Heribert Skringer aus Gamlitz berichtet: *Bei uns in der Gegend gab es vor allem Kleinlandwirte. Die Hendlaufkäufer haben ihnen einerseits drei bis vier Monate alte Masthühner abgekauft, aber auch Eier. Das Eiergeld war besonders für die Hausfrauen als Zuverdienst wichtig, sie haben es vor allem für Genussmittel wie Zucker und Kaffee verwendet.*

Hühner waren eine Kostbarkeit, und Eier zu verkaufen war eine der wenigen Möglichkeiten, etwas Kleingeld ins Haus zu bekommen. Das Eiergeld war oft die einzige Einkommensquelle der Bäuerin, mit der sie Lebensmittel, oft aber auch Schulsachen für die Kinder kaufen konnte.

Hühner wurden selten selber gegessen, sondern lieber zu barem Geld gemacht. Eine südsteirische Bäuerin erinnert sich: *Früher haben sie gesagt: „Ein Hendl kriegt man nur, wenn der Bauer oder das Hendl krank ist!“ Hühner waren allemal ein wertvoller Besitz. Bei uns sind die Hendln geschoppt worden, wie die Gänse, damit sie schön fett werden. Dafür waren die Hendln in einer Steige untergebracht, man hat nur den Deckel aufgemacht und den Hendln das Fressen hineingedrückt. Vor allem mit gekochtem Woaz, mit Mais, hat man die Hühner geschoppt.*

Nicht nur die Hühneraufkäufer, auch andere fahrende Händler zogen von Dorf zu Dorf, von Bauernhof zu Bauernhof, um ihre Dienste anzubieten. Der Häfen- oder Kesselflicker, auch Klampferer genannt, kam ein- oder zweimal im Jahr, um löchrige Kessel, Töpfe und Pfannen zu flicken, abgenützte Böden aufzudoppeln oder die Innenwände des Kochgeschirrs zu restaurieren. Niemandem wäre es in den Sinn gekommen, einen alten, löchrigen Kessel wegzuwerfen. Meist war er schon ein Erbstück von den Vorfahren und sollte, repariert und wiederhergestellt, noch lange Verwendung finden.

Die Karlbäuerin aus Kraubath füttert ihre Hühner. Oft versteckten sich die Bruthühner und kamen erst mit den Jungen wieder zum Vorschein. Dieser Vorgang wiederholte sich zwei- bis dreimal im Jahr.

Familie Herk aus Kraubath an der Mur

Dieser Hendlaufkäufer trägt in seiner Rückentrage bereits einige Hühner mit sich. Die Aufnahme wurde nach 1945 in Aflenz-Wagna gemacht.

Familie Skringer aus Gamlitz

Eine wichtige Funktion hatten auch die Reitermacher. Reitern oder Siebe wurden aus Holz in allen Größen gefertigt, eng- und weitmaschig, je nachdem, für welchen Zweck sie gedacht waren. Das Getreide wurde darin genauso gesiebt wie andere Körnerfrüchte oder Mehl.

Wenn es am Hof niemanden gab, der sich auf das Flechten von Körben verstand, waren die Korbmacher willkommen. Körbe wurden in der Landwirtschaft immer gebraucht: Tragkörbe, „Buckelkraxn", Körbe zum Tragen auf dem Kopf, Brotkörbe, Bienenkörbe und viele andere mehr.

Handwerker auf der Walz, Hausierer, Wanderhändler, Fetzensammler – alle kamen „zum Haus zuwi". Diesen herumziehenden Menschen wurde nicht die Tür vor der Nase zugeknallt, sondern man begegnete ihnen gewöhnlich mit großem Interesse. Der Hausierer brachte „Strumpfbandln", die man sonst nur am Kirchtag bekam, der Wanderhändler einen besonderen Stoff, den der Kaufmann im Dorf nicht führte. Aber die wandernden Händler und Handwerker boten nicht nur dringend notwendige Dienstleistungen an, sie brachten auch ein wenig Abwechslung und einen zarten Hauch der weiten Welt ins Dorf.

Tausendmal vergelt's Gott!

Früher sind viele Landstreicher und Handwerker von Haus zu Haus gegangen, Schirmmacher, Messerschleifer und Reitermacher. Die Zeit war damals einfach so, diese Leute waren für niemand eine Belästigung. Sie haben sich auch niedersetzen dürfen und sich vom weiten Weg ausruhen. Hungrig waren sie eigentlich immer! Ich kann mich erinnern, einmal ist ein Landstreicher dahergekommen, da war es gerade zum Mittagessen. Wir haben Salat mit Schweineschmalz und weich gekochte Eier dazu gehabt. Ob er mitessen mag, hat die Mutter den Landstreicher gefragt. Ja, hat er gesagt. Wie viele Eier er denn will? Ja, fünf Eier! Die weichen Eier hat er untergerührt in den Salat und alles weggegessen. „Tausendmal vergelt's Gott", hat er dann gesagt, „jetzt geht's wieder für eine Weil."

Maria Pastolnik, Wuggitz bei Großradl

Korbflechtkurse, wie dieser 1935 in Trautmannsdorf, vermittelten der bäuerlichen Bevölkerung das Handwerk der Korbflechter. Aus Weiden wurden Wäschekörbe, Kartoffelkörbe, Weihkörbe und Einkaufskörbe geflochten.

Familie Pfeiler
aus Trautmannsdorf in der Oststeiermark

Auch wenn die Dienste von Störhandwerkern willkommen waren, beherrschten viele Bauern auch selbst ein Handwerk, wie hier der junge Mann mit der Säge links, der im Vorhaus des Bauernhauses eine Tischlerwerkstatt betrieb.

Familie Sturm aus St. Nikolai im Sausal

„Dearndl, is des dei Fensterl nit?“

Ja, das Fensterln! Man denkt dabei unweigerlich an einen Buam in Lederhosen, der, auf einer Leiter stehend, Einlass bei seinem Dirndl begehrt. So sieht man es schließlich immer wieder, ländlich-derb, auf den bunten Postkarten, und so muss es auch gewesen sein! Oder ist das Fensterln nur ein Mythos, ein Klischee, bekannt aus Heimatfilmen, fern jeder Realität?

Früher war es der Brauch, wenn man noch nicht verheiratet gewesen ist, dass die Buam fensterln gegangen sind. Das war so richtig schön! Die sind nur am Samstag gekommen, dafür aber gleich mehrere. Dann ist halt gesungen worden und gejodelt, oft ist sogar der Vater noch in der Nacht aufgestanden und hat mitgejodelt. Das war recht gemütlich. Dann sind alle bewirtet worden, und es war halt recht lustig. Wenn die 95-jährige Ottilie Fischbacher aus ihrer Jugend erzählt, leuchten ihre Augen. Sie hat das Fensterln noch als Samstagsunterhaltung für die Jugend erlebt, so züchtig, dass sich sogar der Vater der Angebeteten zu den jungen Burschen gesellt hat.

Wie war es nun wirklich, das Fensterln oder Gasslgehen, wie man es auch noch nennt? Es gab zwei Arten des Fensterlns: eine, wenn ein verliebter Bursch allein zu einem Mädchen ging, und die andere, die geselligere Art, wenn eine Gruppe von jungen Männern singend

Wenn der Falsche fensterln kommt

Dass ein Bua bei der Haustür zum Dirndl hineingeht, dafür hat man schon längere Zeit bekannt sein müssen. Eigentlich war das erst knapp vor der Hochzeit möglich. Bei uns war deshalb das Fensterln mit der Leiter Brauch. Unter der Woche nicht, aber am Samstag, da sind die Buam zum Fensterln gekommen. Sie sind einmal dahin gegangen, einmal dorthin, bei jedem Haus haben sie schon gewusst, wo die Leiter steht. Blumenkistl hereingehoben, er herein, Blumenkistl wieder hinaus – so ist das gegangen.

Einmal aber ist der Nachbar zu mir gekommen. Der wollt mich unbedingt haben, aber ich wollte ihn nicht! Er kommt und ich mach sofort das Fenster zu. Er red und red da draußen. Inzwischen habe ich mich hinausgeschlichen und unseren Hund geholt. Der Hund hört, dass da draußen wer redet, und fangt sofort laut zu bellen an. Drauf sagt der Nachbar: „Hättest eh selber außa paungazen können! Hättest den Hund net holen brauchen!“ Ich glaub, er war grad ein wenig beleidigt. Aber er hat sich dann wieder beruhigt.

Mathilde Wachinger, Kainisch bei Bad Aussee

Dass es auf dem Hof sittsam zuging, dafür hatte auch der Bauer zu sorgen. In der Dienstbotenordnung von 1879 steht zu lesen: „Der Dienstgeber soll die Dienstboten zu einem sittlichen und anständigen Betragen, sowohl in und außer Haus verhalten.“ Dieses Bild zeigt eine Rast beim „Roanheign“.

Familie Leitner aus Oberwölz

Das Verhältnis zwischen den Geschlechtern war streng reglementiert. Bei der Arbeit und im Alltag gab es kaum Gelegenheit, sich näherzukommen.

Familie Hofer aus Friedberg

und Scherze treibend gemeinsam vor einem Mädchenfenster stand und nach längerer oder kürzerer Unterhaltung vielleicht sogar zum nächsten Fensterl weiterzog. Fensterln war zu einer Zeit, da sich Mädchen und Burschen nur beim Tanz und beim Kirchgang näher kennen lernen konnten, eine gute Möglichkeit, miteinander in Kontakt zu kommen oder eine Beziehung zu pflegen. Da man sich kaum öffentlich treffen konnte, mussten sich die Burschen heimlich auf den Weg zu den Mädchen machen, einzeln oder gemeinsam mit anderen, die sich gegenseitig Mut machten.
Da die Fenster der „Mentscherkammern" als Vorsichtsmaßnahme häufig vergittert waren, reduzierte sich das Fensterln oft auf lustige Sprüche. Im steirischen Oberland war es früher Ehrensache für einen jungen Burschen, ein möglichst großes Repertoire an solchen Gasslsprüchen zu kennen. Wenn eine Burschengruppe zum Kammerfenster eines Mädchens wanderte, wurde zuerst einmal leise angeklopft. Dann begann vielleicht einer der Burschen auf der Maultrommel oder der Mundharmonika zu spielen, worauf in gedämpftem Tonfall der eine oder andere Reim gesprochen wurde: *Grüß enk Gott, Mentscha, is des wohl enka Fenster? I wünsch enk an guten Abend und an schean Gruß, Mentscha, sogt's ma außa, wia i anfenstern muass!* Kam es zum Öffnen des Fensters und zu einer angeregten Unterhaltung, dann erhielten die Burschen nicht selten von dem Mädchen einen Schnaps – bevor sie weiterzogen zur nächsten Kammer. Meldete sich dagegen niemand, hieß es zunächst: *Geh Dirndl, red a Wartl, sonst wachst dir a Spitzbartl wia a Heufahrtl!* Erlitten die Gassler hingegen eine Abfuhr, pflegten sie beim Abzug deftige Gstanzln wie dieses zu singen: *Jetzt hol ma an Schimmel und fohr ma in Himmel! Und du Krautscheichn-Gstöll fohr obi in d' Höll!*

Gasslspruch

Dearndl, bist stolz oder kennst mi ni, oder ist des dei Fensterl nit?
Na, i kenn di scho! Aber du bist net der Bua, der kemman soll!

Ottilie Fischbacher, Rohrmoos

Tanzen war eine gute Möglichkeit, Kontakte zum anderen Geschlecht zu knüpfen. Hier eine Volkstanzgruppe aus dem Murtal Mitte der 1930er-Jahre.

Familie Spreitzer aus St. Georgen im Murtal

Das Feuermal

Aberglaube hat bei Schwangerschaft und Geburt immer eine Rolle gespielt. Als unsere Nachbarin zu ihren Zwillingen schwanger war, da sind die Söhne hergegangen und haben beim Holzofen ein kleines Stück Holz ins Ofenrohr gesteckt. Sie haben das nicht böse gemeint, aber niemand hat das bemerkt. Als sich die Geburt angekündigt hat, geht der Vater her und will den Ofen herrichten. Er hat eilig Feuer gemacht und geht dann sofort um die Hebamme. Seine Frau hat schon liegen müssen und hat sich nicht mehr aus dem Bett getraut, als es beim Ofenrohr plötzlich zu brennen anfängt. Vor lauter Schreck schlagt sie sich auf das Gesicht. Und wirklich, das Dirndl, das sie geboren hat, ist mit zwei Händeabdrücken im Gesicht auf die Welt gekommen! Man hat immer gesagt, diese Feuermale sind die Angstmale ihrer Mutter. Das war 1938. Das habe ich noch gesehen. Natürlich haben sich die Feuermale dann ein bisserl ausgewachsen, und man hat sie später nicht mehr so deutlich sehen können. Heute sagt man Storchenbiss dazu, das aber war gewiss ein Feuermal. Darum hat man früher auch gesagt, wenn sich eine Schwangere schreckt, darf sie sich nicht aufs Gesicht greifen.

Es ist schon etwas Wahres dran: Was einer Schwangeren passiert, das sieht man später beim Kind. Als ich zu meinem ältesten Sohn schwanger war, haben wir eine Wiese abgebrannt. Plötzlich ist ein Wind aufgekommen, es blast zu mir her, und das Feuer ist immer näher herübergekommen. „Um Himmels willen, helft's mir!", habe ich geschrien. Ich war im achten Monat schwanger, was da in mir vorgegangen ist, kann man sich vorstellen! Man schickt ein Stoßgebet zum Himmel, und zum Glück hat sich der Wind wieder gedreht.

Als unser Sohn dann so zehn, elf Monate alt war, ist am Herd Wasser übergelaufen, es hat geraucht und gezischt, und er hat nur so geschrien. Das waren genau die Angstschreie, die ich ausgestoßen habe!

Eine Bäuerin aus der Obersteiermark

Eine Tauffahrt im Jahr 1956 mit der Ortshebamme. Neugeborene wurden nach der Geburt so schnell wie möglich getauft. Die Taufe war keine große Familienfeier, gewöhnlich waren nur die Hebamme, die Patin, der Vater des Kindes und selbstverständlich der Pfarrer anwesend.

Familie Skringer aus Gamlitz

Kinderreiche Familien waren früher keine Seltenheit. Hier Vater und Mutter Derler mit ihren neun Kindern, zwei kamen später noch dazu.

Familie Derler aus Birkfeld

Alle heiligen Zeiten

Das Leben der alten Bauern war eingebunden in eine Kultur der Frömmigkeit. Es wurde viel und lange gebetet, der sonntägliche Kirchgang war ein absolutes Muss, und frommes Brauchtum und alte Rituale waren fest im Jahreslauf verankert. Die Kirche und damit auch der Pfarrer hatten einen ganz anderen Stellenwert als heutzutage. Beinahe jedes Dorf hatte irgendwann eine Primiz zu feiern. Zu diesem Fest kamen die Menschen von weit her, um den Primizsegen des neuen Priesters zu empfangen. Es hieß, der Primizsegen sei so viel wert, dass man dafür ein paar Schuhe „zsammtreten" könne. Das bedeutet, es lohnt sich, für den Segen so weit zu gehen, dass sogar die Schuhe dabei kaputtgehen können.

Ein Gemeinschaftserlebnis für die jungen Leute war die Christenlehre. An etlichen Sonntagen kam man zusammen, um den Katechismus und christliche Lehrsätze zu lernen. Zwölf Fragen mussten auswendig beantwortet werden, zum Beispiel: *Wie viele Personen sind in Gott?* Die Antwort lautete, im Rhythmus immer richtig genau abgesetzt, denn die ganze Gruppe, die ganze Lehrschar, musste zusammen sprechen: *In Gott sind drei Personen – der Vater – der Sohn – und der Heilige Geist.* Während des Gottesdienstes, noch vor der Predigt, wurden die jungen Leute geprüft. Der Pfarrer stellte eine Frage, und die Gruppe antwortete – je zackiger, desto besser!

Christliche Gemeinschaft wurde groß geschrieben. Mit etwa 14 Jahren traten die Mädchen dem Jungfrauenverein bei. Die Mädchen und jungen Frauen traten in ihren weißen Kleidern und mit Kränzen im Haar bei religiösen Festen in Erscheinung, etwa bei der Auferstehungsfeier zu Ostern, zu Fronleichnam und bei Hochzeiten. Mitglied in dem frommen Verein war man so lange, bis der Pfarrer aus guten Gründen sagte: *So, jetzt darfst du nicht mehr dabei sein!*

Die kirchlichen Feste, Ostern, Weihnachten, Pfingsten, Fronleichnam, waren willkommene und herbeigesehnte Feiertage. In erster Linie freute man sich wohl auf das gute Essen und ein paar arbeitsfreie Stunden, aber auch auf das Fest selbst mit seiner Feierlichkeit und seinen althergebrachten Ritualen und Bräuchen.

Das erste große Fest im Jahr war der Palmsonntag. An diesem Tag wurden die Palmbuschen in der Kirche geweiht, um in der Folge Haus und Hof, Mensch und Tier vor Krankheit und Unwetter zu schützen. Der Glaube verband sich hier mit magischem Denken, wenn man Teile des Palms als Feuerschutz auf Dachböden aufbewahrte und kleine Kreuze aus Palmzweigen als Wet-

Der Sohn eines Bauern, des vulgo Mohr, feierte 1956 seine Primiz. Hinter ihm die festlich gekleideten „Primizdamen“.

Familie Bischof aus Obdach

terschutz auf Äcker und Felder stellte. Wenn es recht schwer wetterte, nahm man ein Palmkatzerl und warf es ins Feuer – mit der Bitte: *Ich bitt' um Schutz!*

In der Karwoche wurde das ganze Haus gründlich durchgeputzt. Stuben und Küchen wurden ausgeräumt, oft mit Kalk neu geweißt, alle Bettstätten wurden zerlegt und ins Freie transportiert, das Bettzeug wurde gewaschen, und auch der Hausaltar im Eck der Stube erhielt ein frisches Tüchlein oder ein neu ausgeschnittenes Altarpapier. Am Gründonnerstag gingen die Ratschenbuam durchs Dorf, die nun mit ihren hölzernen Klappern die Kirchenglocken ersetzen sollten. Der Karfreitag war ein strenger Fasttag. Wer es ganz genau nahm, verwendete an diesem Tag nicht einmal die „Rein", in der sonst mit Schweineschmalz gekocht wurde, sondern griff zu einem anderen Kochgefäß.

An dieser Stelle sollen aber auch die Protestanten zu Wort kommen, für die der Karfreitag der wichtigste Feiertag des ganzen Jahres darstellt und die an diesem Tag ein gänzlich anderes Brauchtum pflegen. Eine Bäuerin aus Schladming erzählt: *Der Karfreitag ist bei uns Evangelischen der größte Feiertag. Da hat man früher nicht arbeiten dürfen, das war ganz streng. Nur der Stall hat gemacht werden dürfen, sonst nichts! Am Vormittag ist man in die Kirche gegangen, und dann hat man ein Festessen bekommen. Bei den Katholischen ist der Karfreitag ja ein strenger Fasttag, aber bei uns ist es ein Festtag. Es hat ein Bratl gegeben, einen Schweinsbraten, und am Nachmittag haben wir frei gehabt!*

Bei den Katholischen warteten die Buben auf den Morgen des Karsamstags, auf die Feuerweihe. Eine Bäuerin aus der Obersteiermark erinnert sich: *Die Buben haben das Weihfeuer geholt und dann sind sie gesprungen! Denn jeder wollte der Erste sein, der das Feuer zu den Häusern bringt, dafür hat man als Dank rote Eier bekommen. Je mehr*

Das Karfreitagsei und das Gründonnerstagsei

Zu Ostern hat ein jeder, ob Kind oder Erwachsener, ein Ei bekommen. Das wäre ganz arg gewesen, wenn einer kein rotes Ei gekriegt hätte. Am Palmsonntag sind die Ostereier gefärbt worden, und ab Gründonnerstag hat man sie verschenkt. Die Männer haben zwei Eier gekriegt, ein rotes und ein blaues, die Frauen haben nur ein Ei gekriegt und die Bäuerinnen gar keines. Wenn eine Bäuerin zu uns gekommen ist, hat sie kein Ei bekommen, weil sie ja selber Bäuerin ist. Am Ostersonntag hat man gleich in der Früh, bevor man irgendetwas anderes gegessen hat, ein Ei vom Gründonnerstag gegessen. Man hat gesagt, das bringt Frieden und Gesundheit ins Haus. Und ganz etwas Besonderes ist es gewesen, wenn man ein Karfreitagsei gekriegt hat. Die waren noch segenbringender als die Gründonnerstagseier. Diese Eier, die die Hühner am Gründonnerstag und am Karfreitag legen, die haben Antlasseier geheißen. Die waren heilbringend. Wenn man ein Haus gebaut hat, dann hat man die Antlasseier entweder in das Fundament in alle Ecken gelegt oder auf den Firstbaum. Das ist halt ein alter Brauch.

Angela Weikl, Rohrmoos

Die Lehrschar der Christenlehre 1936 vor der Kapelle in Merkendorf.

Familie Moik aus Merkendorf bei Bad Gleichenberg

rote Eier einer gehabt hat, desto stolzer hat er sein können. Bis Samstagmittag war Fastenzeit, trotzdem wurde in vielen Gegenden den ganzen Samstag über kein Fleisch gegessen. Das Osterfleisch gab es dann erst am Ostersonntag in der Früh oder gar erst zu Mittag. In der Veitsch pflegte man den schönen Brauch des „Bratlschießens“: *Am Ostersonntag zu Mittag haben alle schon auf den guten Braten gewartet. Wenn das Bratl auf den Tisch gekommen ist, dann war es bei uns zum Böllerschießen. Wenn bei einem Haus geschossen worden ist, hat man gewusst: „Halt, die haben auch schon das Bratl!“ Dann hat der Moar, der erste Knecht, mit dem Böller geschossen.*
Früher war der Ostersonntag der „Godlgehertag“. Alle Patenkinder besuchten mit ihren Eltern ihre Godl, die Taufpatin. Bei der Godl wurde man mit Kaffee und Kuchen bewirtet, manchmal bekamen die Buben ein Taschentuch und die Dirndln ein Kopftuch und alle rote Eier dazu. Darum nannte man so ein Tuch auch das „Rote-Eier-Tüchl“.
Eiersuchen war früher kaum üblich, dafür pflegte man das „Eierschießen“: Einer hielt das Ei, der andere musste es mit einem Schillingstück treffen. Gelang ihm dies und blieb die Münze im Ei stecken, dann bekam der Werfer das gefärbte Ei. Verfehlte er es hingegen, blieb es im Besitz des anderen.
Der Pfingstsonntag war wohl der einzige Feiertag des Jahres, an dem jeder so früh wie möglich aufstand. Denn der, der als Letzter aus seiner Kammer kam, der hatte die „Pfingstlucken“ – er wurde als Langschläfer verspottet. Wer gar nicht aus den Federn kam, wurde mit einem Bündel Brennnesseln unsanft geweckt. Auch wenn einer sonst gerne lange „gelegen“ ist, zu Pfingsten hat jeder geschaut, dass er schnell aus dem warmen Bett gekommen ist!
Ganz anders zu Fronleichnam: Das hohe Fest wurde sehr würdevoll und feierlich begangen. Den Mädchen wurden schon am Vortag Zöpfe geflochten, damit ihre Haare beim Umzug schön lockig waren. In ihren schönsten weißen Kleidern, mit Kränzen im Haar, nahmen sie an der Prozession teil. Die Mädchen und Jungfrauen, die „Weißen“, trugen das Jesuskindlein, die Holzknechte den Clemens, die Zimmerleute den Josef, die Landjugend die Maria. Die Statuen waren auf einem Gestell befestigt, sodass sie leicht transportiert werden konnten. Mit ihrem Fahnenträger zogen alle Gruppen feierlich von einem Altar zum nächsten, wo jeweils für ein spezielles Anliegen gebetet wurde, etwa gegen Blitz und Unwetter oder gegen Krankheit, Hungersnot und Pest. Dabei wurde in jede Himmelsrichtung jeweils eine Bitte gerichtet.
Einst teilte man das Jahr nur in zwei Jahreszeiten ein: in den „Auswärts“, das Sommerhalbjahr, in dem die Arbeiten außerhalb des Hauses stattfinden, und in den „Einwärts“, die kalte Jahreszeit, in der man sich hauptsächlich in den Wohn- und Wirtschaftsräumen aufhält. Der Volkskundler Sepp Walter stellte fest, dass es noch vor einigen Jahren vereinzelt alte Bauern gab, die an dieser alten Jahresteilung festhielten. Der bäuerliche Jahrlauf und das christliche Kirchenjahr bilden eine Einheit, dazu kommt noch eine Besonderheit, auf die

Sechs Trägerinnen des Jungfrauenvereins tragen diese Statue bei der Fronleichnamsprozession in St. Georgen ob Murau. Die Aufnahme stammt aus den 1930er-Jahren.

Familie Spreitzer aus St. Georgen ob Murau

Walter hinweist: Die Feste und das Brauchtum eines Jahres gleichen sinnbildlich einem einzigen Tag. Ostern ist der Morgen, die Sommersonnenwende der Mittag, Michaeli der Abend und Weihnachten die Mitternacht dieses langen Tages. Und nur in der „Nachthälfte“ gibt es Bräuche, bei denen Kerzen eine Rolle spielen: beim Totengedenken im November, am Christbaum, zu Mariä Lichtmess und zu Ostern. Dafür brennen in der „Taghälfte“ des Jahres die Feuerbrände, vor allem die Oster- und die Sonnwendfeuer. Dieses Gleichnis von Jahr und Tag geht sogar so weit, dass die „unheimliche“ Stunde von Mitternacht bis ein Uhr im Jahrlauf mit dem halben Monat von Weihnachten bis Dreikönig gleichgesetzt wird – in diesen Raunächten treiben allerlei Winterunholde ihr Unwesen.
Am Vorabend der ersten Raunacht, am 24. Dezember, ging der Hausvater „rachen“, das heißt, er zog mit Weihrauch und Weihwasser durch Haus und Stall. Eine Bäuerin erzählt: *Am Heiligen Abend, noch vor der Bescherung, ist der Vater mit den Kindern in den Stall „Rauchen“ gegangen. Voraus der Vater mit dem Rauchpfandl, hintennach die Kinder mit dem Weihbrunn. Am Heiligen Abend und am Altjahrtag ist von innen nach draußen geraucht worden, am Neujahrstag und am Heiligdreikönigtag von draußen hinein. Wenn sie beim Stall fertig waren, haben sie heraußen in alle vier Himmelsrichtungen mit dem Rauch ein Kreuz gemacht. Dabei haben sie ihre Sprüche gegen Blitz und Unwetter gesagt.* Am Abend in der Stube wurde noch recht lange gebetet: *Am Heiligen Abend hat der Vater eine ganze Stunde gebetet und die Mutter noch den Rosenkranz. Beim Beten sind Vater und Mutter gekniet und wir Kinder sind auf der Bank gesessen. Ah, das hat lang gedauert, und wir haben eh schon so auf das Christkind gewartet!*
Zur Bescherung gab es vor allem nützliche Dinge, Unterwäsche, Handschuhe, eine warme Hose vielleicht. Interessant ist, dass die 95-jährige Ottilie Fischbacher aus Rohrmoos bei Schladming berichtet, dass ihr in der Kindheit das Christkind unbekannt war: *Bei uns hat es noch kein Christkind gegeben, da ist die Percht gekommen und hat die Geschenke gebracht. Zu Weihnachten hat es damals nur den Christbaum, aber keine Geschenke gegeben, die haben wir erst am 5. Jänner, dem Perchtentag, bekommen.*
Geheimnisvoll soll es in der Heiligen Nacht im Stall zugehen. Die Bäuerin Maria Ellmeier hat die Sache „überprüft“: *Dass die Tiere in der Heiligen Nacht reden sollen, habe ich gehört, aber nie erlebt. Ich bin einmal in der Christnacht von acht Uhr am Abend bis vier Uhr in der Früh im Stall gesessen, weil eine Sau geferkelt hat, aber geredet hat kein Vieh!*

In der Oststeiermark wird am Ostersonntag der Brauch des „Grünbetens“ gepflegt. Gleich nach dem Hochamt geht die Familie auf die Felder, betet den Rosenkranz und besprengt die Erde mit Weihwasser.

Familie Sommersguter aus Wenigzell

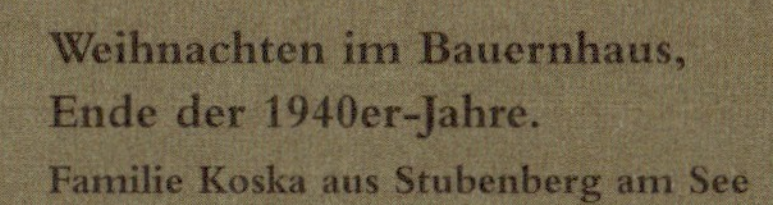

Weihnachten im Bauernhaus, Ende der 1940er-Jahre.

Familie Koska aus Stubenberg am See

Petroleum und Waschschüssel – ein Leben ohne Wasser und Strom

Als wir noch Petroleumlampen gehabt haben, sind wir abends manchmal ohne Licht beisammengesessen. Wir waren es gewöhnt, im Finstern zu sitzen, das hat uns nicht gestört. Was diese Bäuerin berichtet, trifft auf viele Bauernhöfe vor den 1950er- und 1960er-Jahren zu. Mit Petroleum musste gespart werden, und selbst wenn die Lampe aufgedreht war, gab sie nicht viel Licht. Man ging mit der Dunkelheit schlafen und stand mit dem Licht wieder auf.

Bevor der Strom eingeleitet wurde, hatte der Herd im Haus eine zentrale Bedeutung. Nicht nur Wasser konnte auf ihm gewärmt werden, er war im Winter auch der einzige heimelige und warme Platz. Wenn es im Haus überall kalt war, konnte die Mutter einen Stein im Backofen erwärmen und ihn, in ein Handtuch eingewickelt, den Kindern ins Bett legen. Auf dem Herd konnte Wasser erhitzt werden, und meistens stand daneben in einer Nische auch gleich die Waschschüssel. *Das war ein guter Platz zum Waschen, weil es beim Ofen schön warm war. Das Wasser hat man von draußen hereintragen müssen und hat es dann am Ofen erwärmt. Wenn jemand gekommen ist, während man sich gewaschen hat, ist man halt davongelaufen.* Bevor es fließendes Wasser gab, wusch man sich entweder gleich beim Brunnen im Freien, manchmal stand eine Waschschüssel in der Kammer oder eben gleich in der Küche. Auch die Bauern, die Fremdenzimmer vermieteten, boten diese mit Waschtisch, ohne fließendes Wasser an. Eine Bäuerin aus dem Ausseerland: *Die Fremden haben eine Waschschüssel und einen Krug im Zimmer gehabt. Jeden Tag in der Früh habe ich ihnen einen Eimer mit heißem Wasser gebracht.* So mancher hat den „wasserlosen" Urlaub sogar genossen. Eine Bäuerin aus der Südsteiermark erinnert sich: *Wir haben einmal einen Buben auf Urlaub bei uns gehabt. Der hat gesagt, am meisten hat ihm gefallen, dass er sich nicht jeden Tag hat waschen müssen. Das war damals noch nicht so genau.*

Mit Wasser wurde sparsam umgegangen, da man es mühselig herbeischaffen musste. Tägliches Waschen gab es nur an der Wasserschüssel, und die Erwachsenen badeten, wenn überhaupt, im „Schaffl".

Eine der schwersten Frauenarbeiten war das Wäschewaschen ohne Fließwasser. Die Wäsche musste zum Bach,

Die Nussmüllermutter mit ihren sechs Kindern beim Hofbrunnen. Auf der Brunnenbank steht die Waschschüssel, am Brunnenhäusl sind die „Wasserpfandln", die Schöpflöffel, befestigt. Im Sommer wusch man sich hier am Hausbrunnen, und jeder, der wollte, konnte sich mit dem Schöpfer frisches Wasser nehmen und trinken.

Familie Resch aus Gleinstätten

Waschtag 1955: Die Wäsche wird im großen Waschbottich bearbeitet.

Familie Prangl aus Neudorf an der Mur

Endlich Strom! Die Löcher für die Strommasten gruben die Männer aus, die Frauen schauten zu.

Familie Pastolnik aus Wuggitz bei Großradl

wenn einer in der Nähe war, getragen werden, wurde dort geschwemmt und wieder heimgeschleppt. Kein Wunder, dass man es als besonderen Segen empfand, als endlich das Wasser direkt in das Haus eingeleitet wurde.

In den 1950er-Jahren wurden die Häuser allmählich an das Stromnetz angeschlossen. *Und dann ist 1958 ein Ingenieur aus Wien gekommen. Er hat ausgemessen, wo überall die Strommasten hinkommen sollen. Arbeiter von der Gemeinde haben ein Loch für den Masten gegraben, und wir alle haben zugeschaut.* Das elektrische Licht war schlicht eine Sensation. Am Abend war es nun fast taghell in der Stube, man konnte länger aufbleiben, Radio hören und lesen. Die Elektrizität veränderte auch die Arbeitswelt des Bauern: Neue Maschinen übernahmen nun viele Arbeiten, die ehedem Mägde und Knechte verrichten mussten.

Der „geteilte" Strom

Unsere Großmutter hat ein Gasthaus und eine Landwirtschaft besessen, die musste sich in den 50er-Jahren den Strom teilen. Bei Tag haben sie dort keinen Strom gehabt, nur am Abend. Tagsüber hat den Strom der Schwiegervater von der Schwester gehabt, weil er damit Holz für ein Sägewerk geschnitten hat. Wenn es am Abend „finsterlat" geworden ist, haben wir schon immer ganz hart auf den Strom gewartet, denn es hat in der Gaststube und in der Kuchl nur Gaslampen gegeben. Wir haben erst Strom gehabt, wenn sie draußen beim Sägewerk zum Arbeiten aufgehört haben und der Strom endlich umgeschaltet worden ist. Wenn das zu lange gedauert hat, hat die Mutter oft geschimpft: „Schickt das Stöcklmandl wieder keinen Strom außa!" Weil der Sägewerksarbeiter hat Stöckl geheißen.

Mathilde Wachinger, Kainisch bei Bad Aussee

Bei elektrischem Licht
lässt es sich auch am
Abend gut Karten spielen.

Familie Sommersguter
aus Wenigzell

Wassertragen im Jahr 1954.
Wasser musste im Hügelland
oft von einem weit entfernten
Brunnen heimgetragen werden.

Familie Greiner
aus St. Peter am Ottersbach

Die gute alte Zeit?

Jedes Ding hat zwei Seiten – auch die Erinnerung an vergangene Zeiten ist eine zwiespältige Sache. Einlegerwesen, Dienstbotenelend, Keuschlertum, Kinderarbeit und Armut sind die weniger schönen Seiten eines Rückblicks auf ein Leben am Land, so „wie's g'wesn is". Die Menschen am Rande der Gesellschaft, die unversorgten Alten, die Kinder der Mägde, der ärmeren Bauern und Keuschler, die nicht abgesicherten Dienstboten – für sie war es allzu oft keine „gute alte Zeit".

Besonders arm dran waren die Einleger. Wer nicht das Glück hatte, sein Gnadenbrot bei einem Bauern zu erhalten, der musste in die Einlege gehen. Alte und gebrechliche Dienstboten, die nicht mehr arbeitsfähig waren, wanderten von Haus zu Haus, um Essen und Quartier zu bekommen. Bepackt mit ihren Habseligkeiten, nicht selten vom Rheuma geplagt und manchmal wohl auch von Flöhen und Läusen, zogen die Bedauernswerten alle paar Tage weiter – zur nächsten Unterkunft. Von Seiten der Gemeinde war die Anzahl der Tage, die der Arme in die Einlege beim jeweiligen Bauern gehen durfte, genau festgelegt. Wohlhabende Bauern hatten die Verpflichtung, den Einleger dementsprechend länger zu nehmen als die kleinen

Die alte Greadl

Ich erinnere mich an die alte Greadl, eine Einlegerin bei uns in der Gemeinde. Ihr Spitzname war Druschl, denn immer wenn sie zu einem Bauern kam, sang sie froh: „Ha, ha, bei der Loh, die olti Druschl war do!" Sie musste bei jedem Bauern abgeholt werden, weil sie zwei schwere Buckelkörbe zu tragen hatte. Ein Korb war voll mit Bettwäsche und Kleidern, im zweiten Korb waren ihre anderen Habseligkeiten wie Gebetbücher, kleine Schachteln, Rosenkränze, alte Brillen und tausende Heiligenbilder. Mit denen hat sie die größte Freude gehabt! Von jedem einzelnen Bild wusste sie noch, von wem und auf welcher Wallfahrt sie es erhalten hatte. Die Bilder legte sie oft auf einer Bank oder auf einer Wiese auf, sang und betete für alle, die ihr diese Bilder gegeben hatten.
Die Greadl ist bei jedem Bauern 14 Tage geblieben, wir haben sie aber nur einen Tag und eine Nacht behalten müssen, weil wir nur kleine Keuschler waren. Bei uns ist sie in der Stube gelegen, bei anderen Bauern hat man für sie im Stall ein Strohbett gemacht. In der Nazizeit haben's sie zusammengepackt und nach Kindberg ins Heim gebracht. Dort hat sie aber nicht mehr lang gelebt.

Adelheid Pöllabauer, Gasen

Großmutter und Großvater auf der Hüttenbank der Jagaalm im Jahr 1946. Glücklich, wer im Alter ein Zuhause hatte!

Familie Schneller aus Bruck an der Mur

Leichte Arbeiten wie Erdäpfelschneiden und auf die Kinder aufpassen waren typische Tätigkeiten für alte Menschen.

Familie Sommersguter aus Wenigzell

Keuschler. Entschloss sich ein Bauer, einen Einleger ständig bei sich aufzunehmen, musste er keine anderen mehr versorgen. Zuständig für die Hilfesuchenden war immer ihr Geburtsort. Ein besonders schweres Los traf jene, die zwar im betreffenden Ort ihr Heimatrecht hatten, aber, da sie seit frühester Kindheit auswärts gearbeitet hatten, dort völlig fremd waren. Nun mussten sie, längst ihrer Heimat und deren Bewohnern entfremdet, weil das Gesetz es so wollte, als Herbergssuchende mit dem „Einlegbüchl" von Haus zu Haus ziehen.

Wer Glück hatte, durfte in der Stube oder in einer Kammer schlafen, vielfach wurden die Einleger aber in den Ställen beim Vieh oder auf dem Heuboden untergebracht. Warmherzige Hausleute ließen die Alten die Mahlzeiten am gemeinsamen Tisch einnehmen und richteten ihnen, besonders im Winter, eine warme Bettstatt. Als Gegenleistung mussten die Einleger leichte Arbeiten verrichten, wie Späne machen, Körbe flechten, Holz tragen, Spinnen oder Vieh hüten.

Kein leichtes Leben führten auch die unzähligen unehelichen Kinder. Heiraten durfte nur, wer Besitz vorweisen konnte, und so blieben viele Mägde und Knechte unverheiratet und waren auch nur sehr schwer in der Lage, ihre Kinder selbst großzuziehen. Die meisten von ihnen kamen früh zu Zieheltern oder zu Bauern in den Dienst. In einem Lied heißt es: *I bin a oarma Holtabua, hob die Eltern goar nia kennt, von Jugend auf bei fremdi Leut' bin i dos Schlechte g'wöhnt!*

Eine 94-jährige Frau erinnert sich: *Meine Mutter hat mich 14 Tage nach der Geburt hergegeben. Sie war im Dienst und war nicht verheiratet. Da hat sie mich nicht brauchen können. So hat sie mich „hergeschenkt", und ich bin zu Zieheltern gekommen.*

Der Sohn einer Sennerin erzählt: *Ich bin gerade im Sommer geboren worden, als die Mutter wieder auf die Alm hat fahren müssen. So hat sie mich als Neugeborenes bei einem Pflegeplatz zurückgelassen und hat mich erst im Herbst wieder holen können. Das war für sie nicht leicht und für mich wahrscheinlich auch nicht.*

Uneheliche Kinder mussten für ihr tägliches Brot oft bereits im Volksschulalter hart arbeiten. Zeit zum Lernen war meist nur abends oder während der Arbeit im Stall oder beim Viehhüten. Mutterliebe und Zärtlichkeit waren für viele ein Fremdwort. Dennoch wurden die meisten von ihnen tüchtige Erwachsene, die ihren eigenen Kindern das ersparten, was sie selbst durchleiden mussten.

Zum „Haus“ gehörten alle, die Bauernfamilie, das Gesinde und manchmal auch die ledigen Verwandten. Im Idealfall durften auch die Einleger mit freundlicher Aufnahme in die Hausgemeinschaft rechnen, wenn auch nur jeweils für ein paar Tage.

Familie Tonner aus Ranten

Ferdinand, der „Franzos“

Die Kriegs- und Nachkriegszeit war auch für die bäuerliche Bevölkerung eine entbehrungsreiche Zeit. Viele Väter und Männer waren im Krieg, und die auf den Höfen Zurückgebliebenen mussten ungeheuer viel leisten. In dieser Zeit wurden den Betrieben ausländische Kriegsgefangene und Zivilpersonen als Arbeitskräfte zugeteilt. Diese Männer und Frauen waren nichts anderes als Zwangsarbeiter, von den Nazis wurden sie verharmlosend Fremdarbeiter genannt. Auf den Höfen wurden sie jedoch als wertvolle Hilfskräfte empfunden, und oft entstanden gegenseitige Wertschätzung und sogar Freundschaft. Maria Zach aus Großwöllmiß erinnert sich: *Mit Juli, einer Fremdarbeiterin aus der Ukraine, war ich sehr gut befreundet. Ich habe ihr die deutsche Sprache gelernt, und sie hat mir Russisch beigebracht. Alle haben geglaubt, Juli kann so schlecht Deutsch, dass sie nichts mitbekommt. Aber die war nicht blöd! Sie hat genug verstanden. Manchmal haben wir auch ein bisschen Russisch miteinander geredet. Wir haben oft ordentlich gelacht und eine Gaudi gehabt, wenn die anderen Leute nicht verstanden haben, worüber wir reden. Es ist doch sehr gut, eine Fremdsprache zu können!*

Beim Greithanslbauern in Lichendorf half Ferdinand, der „Franzos“, die Arbeitskraft des Vaters zu ersetzen, der im Krieg war. Noch heute erinnert man sich an die liebenswürdige Art Ferdinands und an seinen liebevollen Umgang mit den Kindern.

In erster Linie hatten die Frauen die ganze Last zu tragen, wenn die Männer im Krieg waren oder nicht aus der Kriegsgefangenschaft heimkehrten. Eine 1942 geborene Bäuerin, deren Vater nach dem Krieg als vermisst galt, erinnert sich: *Am Tag der Unschuldigen Kinder haben wir Kletzenbrot heimgebracht. Als die Mutter das Brot gesehen hat, hat sie geweint. Ich habe sie gefragt: „Warum weinst du? Wir haben ja genug gebracht!“ – „Genau deshalb weine ich, weil ihr welches gebracht habt. Jetzt haben wir wieder ein paar Tage zu essen!“ Sie hat vor Freude geweint. Wenn meine Mutter nicht mehr ein noch aus gewusst hat, ist sie laut betend den Kogel hinaufgegangen und wir Kinder auf beiden Seiten hinter ihr her. Sie hat Gott gefragt, wie es jetzt weitergehen soll!*

In der Kriegszeit durften die Landwirte ihre eigenen Produkte nicht uneingeschränkt konsumieren, sondern sie brauchten dafür amtliche Berechtigungsscheine. Wie der Heimatforscher Christian Schölnast ausführt, brauchte, wer sein Getreide in der Mühle mahlen lassen wollte, einen Mahlschein. Auch wer vorhatte, ein Schwein oder ein Kalb zu schlachten, brauchte dafür eine Genehmigung. Pro Person und Jahr durften nicht

Französische Kriegsgefangene helfen bei der Heumahd in Bretstein.

Familie Sonnleitner aus Übelbach

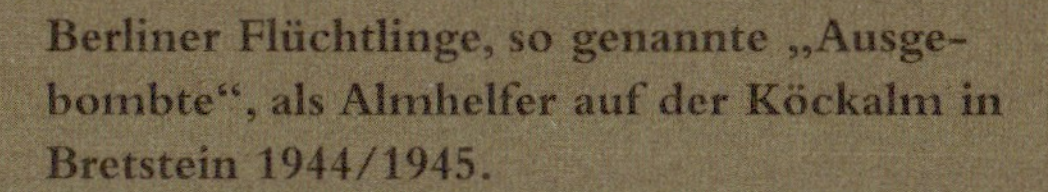

Berliner Flüchtlinge, so genannte „Ausgebombte“, als Almhelfer auf der Köckalm in Bretstein 1944/1945.

Familie Sonnleitner aus Übelbach

mehr als 39 Kilo geschlachtet werden, ab dem dritten Kriegsjahr mussten sogar von jeder Sau vier Kilo Speck abgeliefert werden. So wurden die Tiere hie und da eben heimlich geschlachtet, was natürlich streng verboten war. Viele Bauern mussten ihre eigene Sau „stehlen", weil sie dringend Fett und Fleisch brauchten, nicht nur zum Essen, auch zum Eintauschen gegen Kleidung oder andere Sachen. Paradox gestaltete sich die Situation, wenn einem Bauern ein Stück Vieh auf der Alm abstürzte. Als Beweis musste er die Haut vorweisen, denn es hätte ja auch eine Schwarzschlachtung sein können. Ein Bauer, dessen Vieh 200 Meter „abkugelte" und der den Kadaver erst 14 Tage später fand, musste das halb verweste, von Maden zerfressene Tier abhäuten, um den geforderten Beweis, die Haut, vorlegen zu können.

Ein anderes Mal wurde einem Bauern die Schlachtung einer Sau bewilligt. Tatsächlich wurden aber zwei abgestochen. Als der Fleischbeschauer kam, wurden ihm ordnungsgemäß zwei Schweinehälften vorgelegt, allerdings war bei beiden noch das Schwanzerl dran! Der Fleischbeschauer war aber ebenfalls ein Bauer und drückte beide Augen zu, sonst wäre – gemäß den kriegswirtschaftlichen Bestimmungen – eine schwere Strafe fällig gewesen.

Gegen Ende des Krieges, als in den Städten die Lebensmittel knapp wurden, machten sich viele auf, um hamstern zu gehen. Eine Altbäuerin aus der Oststeiermark: *Die Leute sind vom Mürztal her zu uns hamstern gekommen. Es war die Zeit, in der viele hungern mussten. Die Leute waren froh, wenn sie Brot und ein wenig Schmalz bekommen haben, sie haben dafür Gewand und Metallgegenstände hergegeben. Einmal, als wir gerade eine Sau abgestochen haben, hat ein Bub gesagt: „Das Sauschwanzl nimm i mit!" Wir haben es ihm natürlich gegeben, aber vorsichtig mussten die Hamsterer immer sein, wegen der*

Schwarzschlachten

Es war ein sehr kalter, nebeliger Morgen vor Weihnachten im Kriegsjahr 1943. Meine Mutter sagte zu mir: „So, wir beide gehen jetzt zum Grabentoni und helfen ihm, eine Sau schwarzschlachten."
Aber da war die Juli, eine Fremdarbeiterin aus der Ukraine, die sollte auf keinen Fall mitbekommen, dass da schwarzgeschlachtet wurde! So wurde Juli unter einem Vorwand zu einem entlegenen Bauern als Botin geschickt.
Die Sau wurde aus ihrem Zwinger geholt, und ein Bauer aus dem Dorf hat sie geschlachtet und nebenan in der Streuhütte enthaart und zerlegt. Ich war damals ein zwölfjähriges Dirndl, meine Aufgabe war, draußen stehen, gut aufpassen und Bescheid sagen, wenn jemand kommt. Ich bin lange in der Kälte im Hof gestanden und habe mir fast die Zehen abgefroren. Endlich ist die Mutter gekommen, wir sind heimgegangen und zu Mittag beim Grabentoni zu einem guten Braten eingeladen gewesen. Ich war erst zwölf Jahre alt, aber man hat von mir erwartet, dass ich schweige, wie alle anderen auch, und keiner Menschenseele etwas erzähle.

Maria Zach, Großwöllmiß

Der russische Kriegsgefangene Wassilij beim Kornschneiden in Priebing. Mit auf dem Bild die Bäuerin, deren Mann im Krieg war, und ein Pflichtjahrmädchen. Nach der Schulzeit mussten alle Mädchen ein Pflichtjahr in einer kinderreichen Familie oder in der Landwirtschaft ableisten.

Familie Puntigam aus Weitersfeld

Ferdinand, der „Franzos", beim Greithanslbauern in Lichendorf.

Familie Zirngast aus Lichendorf

Kontrollen. Beim Übergang über das Strassegg gab es häufig Kontrollen, wer erwischt wurde, musste Strafe zahlen.
Kurz vor Kriegsende kamen viele Deserteure und suchten Unterschlupf auf den Almen, aber auch in den Scheunen und Schuppen in den Tälern. Eine Bäuerin erzählt: *Gleich vier oder fünf Deserteure sind beim Nachbarn untergekommen. Er hat sie im Stall draußen schlafen lassen, mit der Warnung, nur recht vorsichtig zu sein, damit sie nicht erwischt werden. In der Früh kommt die Kontrolle, der Bauer springt auf, rennt in den Stall und ruft noch: „Passt's auf!" Aber alle sind mitgenommen und erschossen worden. Und das kurz vor Kriegsende!*

Die Hauskrah

Beim Nachbarn haben sie eine zahme Hauskrähe gehabt, die war so zutraulich, weil der Nachbarbub sie aufgezogen hat. Uns ist sie täglich besuchen gekommen, man kann sagen, sie war unser „Hausfreund". Jeden Tag in der Früh hat unsere Hauskrah ans Fenster geklopft und ums Frühstück gebettelt. Dann hat die Mutter ihr immer etwas Sterz hinausgestellt, oder sie hat gleich aus der Hand gefressen.
Unsere Krähe hat immer nur Schabernack gemacht. Einmal hat mein Mann die Mähmaschine repariert und alle Schrauben schön einzeln hergelegt. Da hat die Krähe die Schrauben gepackt, und weg war sie damit!
Einmal, wir waren gerade ein Stückerl weg vom Haus, hat sie sich bei meinem kleinen Sohn auf das Kopferl gesetzt und hat ihm das Zutzerl aus dem Mund weggenommen. Damit ist sie heimgeflogen und hat den Schnuller am Misthaufen eingegraben. Das war eine Eigenart von der Krah, das hat sie öfters gemacht: einem kleinen Kind den Schnuller stehlen und danach eingraben!
Später ist die Krähe immer mitgeflogen, wenn unser Bub mit dem Rad gefahren ist. Ist er langsam gefahren, war auch die Krähe langsam, wenn er schnell geworden ist, ist sie auch schnell geflogen.
Irgendwann ist unsere Hauskrah dann nicht mehr gekommen. Ich glaube, ein Jäger hat sie erschossen, weil sie einfach zu frech geworden ist.

Maria Pastolnik, Wuggitz

Ein kastrierter Ziegenbock, auch „Taggas“ genannt, vor einen Schlitten oder Wagen gespannt: Das war früher keine Seltenheit. Auch die Kinder hatten ihr Vergnügen daran!

Familie Ellmeier aus Stanz im Mürztal

So spielten Bauernkinder um 1950: Mit dem geduldigen Kalb als Zugtier wurden Fichtenzapfen vom nahen Wald heimtransportiert.

Familie Kammerhofer aus St. Ilgen

Eine Bauernhochzeit anno dazumal

Die Braut trägt durchaus nicht immer nur Weiß, sondern oft nur ein festliches, dunkles Kostüm, es ist nicht der Wonnemonat Mai, sondern ein verschneiter Februar, ja nicht einmal alle Gäste tragen Tracht, obwohl es sich doch um eine Bauernhochzeit handelt: Ganz anders, als wir es uns heute vorstellen, wurde vor 50, 70 Jahren am Land geheiratet.

Gewöhnlich heiratete man im Winter, denn nur in der ruhigen Jahreszeit hatte auch der Bauer einmal Zeit zum Feiern. Keine Regel ohne Ausnahmen, eine Altbäuerin berichtet, dass sie und ihr Mann justament im Juni geheiratet haben – mit der wunderbaren Begründung: *Heiraten wir im Sommer, weil im Winter schliafen die Schaf a zsamm!*

Die meisten Hochzeiten wurden dennoch im Fasching gefeiert. War dies einmal nicht der Fall, heiratete also in einem Dorf während eines ganzen Jahres niemand, dann fand in der Ost- und Weststeiermark das Blochziehen statt. Bei diesem Brauch kamen unverheiratete Burschen und Mädchen meist am Faschingsdienstag zusammen, verkleideten sich und zogen als „Strafe" einen frisch gefällten Fichtenstamm durch den Ort. Manchmal fand sich am Stammende eine Inschrift wie diese: *Weil wir nicht getreten in das Ehejoch, darum müssen wir ziehen das schwere Bloch!*

Stand eine Hochzeit ins Haus, leisteten sich die reichen Bauern Störhandwerker, die Brauttruhe, Betten, Schuhe und Hochzeitskleider anfertigten. Bei so einer Hochzeitsstör waren mehrere Handwerksgruppen vertreten – Tischler, Schneider und auch Schuster, und gewöhnlich ging es recht locker und lustig zu.

Etwa 14 Tage vor der Hochzeit waren die Hochzeitslader unterwegs, um die Gäste einzuladen. In festlicher Kleidung, die Hüte mit Bändern und Blumen geschmückt, zogen die Burschen zu den Verwandten, Paten und Freunden des Paares, um mit gereimten Ladesprüchen einzuladen: *Grüß euch Gott mit Herz und Mund! Ihr seid wohl alle frisch und gsund? Auch ich bin froh und guter Ding', weil ich euch eine Botschaft bring'. Einen lieben Gruß in Gottesnam' von der Jungfer Braut und Bräutigam. Sie haben mir geboten, ich soll gehen auf Reisen und euch alle zur Hochzeit laden und heißen!*

Ein paar Tage vor der Hochzeit kam die Hochzeitsköchin ins Haus der Braut, um Torten und vor allem viele Hochzeitskrapfen zu backen. Das war eine recht heikle Sache, und so manche Köchin wachte streng darüber, dass nur ja kein Fenster offen stand und niemand im unrechten Moment bei der Tür hereinkam. Denn ein Luftzug hätte den empfindlichen Germteig womöglich seine Luftigkeit gekostet.

Das Böllerschießen sollte die Braut aufwecken und war Aufgabe der jungen Männer. Dieses Foto wurde im Jahr 1925 aufgenommen.

Familie Ellmeier aus Stanz im Mürztal

Beim „Absperren" wurden hier neben den bäuerlichen Arbeiten wie Säen und Spinnen auch die Tätigkeiten des Bräutigams als Gemeinderat nachgespielt. Die „Gaukler" wurden als Dank „nachigheißn", also zum zweiten Essen am Abend eingeladen.

Familie Pöllabauer aus Gasen

Am Hochzeitstag selbst ging es schon am frühen Morgen los. Eine Bäuerin aus der Oststeiermark erinnert sich: *Um zwei oder drei in der Früh haben sie schon zum Böllerschießen angefangen. Da ist zuerst einmal die Braut aufgeweckt worden, dann hat man gut gejausnet, und nachher war es schon bald Zeit zum Kirchengehen. Der Bräutigam hat die Braut beim Heimathaus abgeholt, und alle zusammen sind zur Trauung in die Kirche gefahren.*

Viele Verwandte und auch die „Musi" gehörten zu einer großen Hochzeit dazu. Noch auf dem Weg zur Trauung

Die Hochzeitsköchinnen

Meine Schwägerinnen haben in den 30er-Jahren für große Bauernhochzeiten gebacken und gekocht. Da sind sie meistens schon eine Woche vorher ins Haus der Braut und haben angefangen zu arbeiten. Denn die Feinbäckereien und die Hochzeitstorte sind dort zubereitet worden. Und die Hochzeitskrapfen! Ohne die ist überhaupt nichts gegangen. Die haben ein schönes weißes Randerl haben müssen und durften nicht schief sein. Viele Krapfen für die Gäste, das war auch bei den kleinen Bauern üblich.

Bei großen Bauern ist für eine Hochzeit schon ein Schwein geschlachtet worden, das war keine Seltenheit, es waren ja bis zu 100 Leute auf so einer Hochzeit. Und wer nicht eingeladen war, der hat auch kommen können, wenn er seinen Beitrag für das Essen bezahlt hat. Vor allem bei einer goldenen Hochzeit war das so üblich. Da waren dann schon 100, 150 Leute beisammen.

Als Suppe haben die Schwägerinnen gerne eine Leberknödelsuppe gekocht. Und dann hat es meistens einen großen Schweinsbraten gegeben. Sitte war es auch, dass die Hendln nicht vor Mitternacht aufgetragen werden. Jeder hat gewusst, ab Mitternacht kommen die Back- oder Brathendln! Und dazwischen hat es Mehlspeisen und Gebäck gegeben. Es war genug für alle da!

Johanna Lostuzzo, Edelsgrub

Viel öfter als heute wurden einst Hochzeitsjubiläen gefeiert. Hier die diamantene Hochzeit der Bauersleute vulgo Neubauer.

Familie Spreitzer aus St. Georgen ob Murau

Eine große Bauernhochzeit aus dem Jahr 1932. In der ersten Reihe links sitzt als Zweiter der Brautführer mit dem Zeremonienstab, auch „Ladestecken" genannt. Man achte auf den „Hochzeitsbuschen": Verheiratete Gäste tragen das Sträußl rechts und die Ledigen links.

Familie Düregger aus Teufenbach

konnte es passieren, dass der Hochzeitszug aufgehalten wurde. Beim Wegabsperren, auch „Aufheben", „Zaunmachen" oder „Vermachen" genannt, wurde der Weg mit einer Kette oder Schnur abgesperrt. Nach altem Brauch wurden Szenen aus dem Bauernstand und der Bauernarbeit nachgespielt oder auch auf zukünftigen Kindersegen angespielt. Nachdem sich der Bräutigam oder der Brautführer mit Lösegeld den Weg freigekauft hatte, ging es weiter in die Kirche. Neben Braut und Bräutigam waren an diesem Tag auch die Brautjungfern besonders schön geschmückt. Die jungen ledigen Mädchen trugen einen Myrtenkranz im Haar, die jungen Burschen, die Junker, wie sie in Teilen des Landes genannt wurden, steckten sich zwei große Rosmarinzweige an den Hut.

Nach dem Trauungsgottesdienst ging es zum Hochzeitsmahl. Es wurde ordentlich gegessen, denn gutes und ausgiebiges Essen spielte eine große Rolle! Zuerst kam die Suppe, dann Kraut, dann ein Braten mit Erdäpfeln und Salat, später Torten, Gebäck, Blattlkrapfen und Strudel. In der Zeit, in der die Braut „gestohlen" wurde, gingen so manche, die gleich in der Nähe wohnten, kurz heim, um die festliche Kleidung gegen ein leichteres Gewand einzutauschen. Dann kamen noch die „Nachkemmer" oder „Nachigeher" dazu, Freunde, Nachbarn und Kollegen, die zur Abendunterhaltung eingeladen waren. Nun ging es lustig her, in manchen Regionen tauchte eine „falsche Braut", meist ein altes Weib, auf, Gstanzln wurden gesungen und manchmal sogar kleine Szenen gespielt, bis um Mitternacht das „Kranzlabtanzen" stattfand. Dieser Brauttanz symbolisierte, dass das Mädchen nun zur Frau wurde, ihren Brautkranz sozusagen gegen die „Haube" eintauschte.

Keine Hochzeit endete, bevor der neue Tag begonnen hatte, meist gingen die letzten Gäste erst am frühen Vormittag nach Hause. Nun zog die Braut in ihr neues Heim. Die heute 95-jährige Ottilie Fischbacher aus Rohrmoos erinnert sich noch sehr genau an ihren Auszug von daheim: *Als ich geheiratet habe, habe ich alle meine Sachen im Elternhaus, am Starchhof, abgeholt und zu meinem neuen Heimathaus, dem Stammerhof in Rohrmoos, gebracht. In meinem Fall war das vor allem eine Nähmaschine und mein Kasten. Schöne Sachen waren drinnen, Geschirr und hauptsächlich Bettwäsche aus Leinen, Tischtücher, dann gestrickte Sachen, Socken und Strümpfe. Den Kasten habe ich heute noch! So lange ich lebe, kann er in meinem Zimmerl sein.*

Der Auszug der Braut aus dem Elternhaus: Ottilie Fischbacher siedelt im Mai 1940 mit ihrem Hab und Gut ins Haus ihres Ehemannes, dem Stammerhof.

Familie Weikl aus Rohrmoos-Süd

Schon seit vielen Jahrzehnten ist es nicht mehr üblich, im Fasching zu heiraten. Der Brauch des Blochziehens hat sich dennoch erhalten, hier 1953 in Neudorf bei Ilz.

Familie Windisch aus Großwilfersdorf

„Hackerl" und „Muas" – das Holzknechtleben

Die Axt und die lange Zugsäge in der Hand, einen ledernen Rucksack umgehängt – daran war ein Holzknecht zu erkennen. In seinem „Buckelsack" trug der Holzknecht am Wochenbeginn alles in den Holzschlag, was er die ganze Woche über brauchte: Mehl, Brot, Schmalz, Speck, Salz und manchmal auch ein Stück Geselchtes oder Eier. Die Holzknechte waren von Montag bis Samstag im Wald. Am Montag hieß es sehr früh aufstehen, oft dauerte der Marsch bis zur Holzknechthütte stundenlang. Von hier aus war meist noch einmal ein schönes Stück Weg bis in den Holzschlag zurückzulegen. Nicht umsonst heißt es in einem alten Lied: *Jo, die Holzknechtbuam müassn fruah aufstehn, müassn 's Hackerl nehman und in Holzschlag gehn.*

Ein 82-jähriger Bauer aus der Obersteiermark schildert den Tagesablauf einer Holzknechtpartie: *Der Tag eines Holzknechts hat hauptsächlich aus Arbeit bestanden, nur unterbrochen von Essenspausen und Nachtruhe. Sehr zeitig hat es Aufstehen geheißen, dann hat sich jeder am offenen Feuer sein Muas gemacht. Dafür wird Weizenmehl heiß abgebrannt, ordentlich Schmalz dazu, ein bissl angeröstet, übergedreht und zsammgestoßen. Dann ist es in den Holzschlag gegangen. Im heißen Sommer hat es zu Mittag eine Rast gegeben, dafür wurde am Abend länger gearbeitet. Wenn es kühler war, hat man ohne Pause durchgearbeitet. Es war ein hartes Leben.*

Heute mag uns das freie Leben der Holzknechte, die wie „Waldmenschen" sechs Tage in der Woche in der Abgeschiedenheit lebten, abenteuerlich und ein wenig romantisch erscheinen. Tatsächlich bot die harte Arbeit kaum Freiräume, nach zehn bis elf Stunden im Schlag bestand das „Abendprogramm" hauptsächlich aus Kochen und frühem Schlafengehen. Vielleicht, dass manch einer noch eine Sennerin auf einer nahen Alm besuchte und ihr ein paar fein gehackte Holzspäne mitbrachte – ein sehr willkommenes Geschenk, wenn man täglich einheizen muss. Und, auch das soll vorgekommen sein, manchmal ließ sich auch der eine oder andere Holzknecht dazu hinreißen, wildern zu gehen.

Die Holzknechte lebten in einem selbst gebauten „Laftenduck", einer Hütte, die ganz mit Rinde bedeckt war. Das Wort „Laft" ist ein alter Ausdruck für Rinde. Das Herz der Behausung war die große Feuerstelle in der Mitte, groß genug, dass sich jeder der bis zu 20 Männer am offenen Feuer seine Mahlzeit zubereiten konnte.

Holzknechte vor ihrer Hütte, einem rindengedeckten „Laftenduck“.

Familie Kahlbacher aus Kobenz bei Knittelfeld

Die gefällten Bäume müssen sofort entastet und entrindet werden, um den Wald vor Borkenkäfern zu schützen. Wenn die Fichten im Saft stehen, von Mai bis August, ist das Entrinden mit der Hacke möglich, danach muss man Kräfte raubend mit dem „Schebser“, einem Eisenstück mit Schneidefläche, arbeiten.

Familie Kaltenbrunner aus Stanz im Mürztal

Jeder Holzknecht besaß einen eigenen „Gogg“, einen Pfannenhalter, und die dazugehörige Pfanne. Jeder kochte an seinem eigenen Kochplatz über der offenen Glut sein Holzknechtmus, Spatzen, Nocken oder Sterz. Hauptsache war: Fett und nahrhaft sollten die Speisen sein, schließlich mussten die schwer arbeitenden Männer an die 4000 Kalorien pro Tag zu sich nehmen, um bei Kräften zu bleiben. Ganz nebenbei wurden die meist jungen Burschen so im Lauf der Zeit zu geschickten Köchen, die ihre „Holzknechtspeisen“ tadellos zubereiten konnten.
Rings um den offenen Herd standen die Schlafpritschen. So eine Bettstatt war ganz primitiv: am Boden ein wenig Reisig, Farnkraut, Stroh oder Laub, fertig. Zum Zudecken genügten gewalkte Schafwolldecken.

Der eitle Holzknecht

Wenn die Holzknechte am Samstag nach Hause gekommen sind, haben sie sich als Erstes einmal anständig gewaschen und rasiert, denn im Holzschlag hat es dazu keine Gelegenheit gegeben. Da hat man sich nicht gewaschen, Körperpflege hat es im Wald nicht gegeben. Da fällt mir eine lustige Episode ein. Einmal war bei einer Holzknechtpartie einer dabei, der ein wenig eitel war und auf sein Äußeres geachtet hat. Jetzt fallt dem ein, dass er sich während der Woche im Holzschlag rasiert! Es hat nicht lang gedauert, da sind die anderen auf ihn aufmerksam geworden. Einer kommt sofort daher und haut ihm das ganze Rasierzeug hinunter. „Das gibt's nicht unter der Woche!“, hat er gesagt. Damit war die Sache erledigt.

N. N.

Die Bäume wurden mit Zugsäge und Hacke gefällt: Zuerst wurde bergseitig ein Einschnitt gemacht und von oben nach unten ausgehackt. Dann wurde von der anderen Seite die Säge angesetzt, und jeweils zwei Männer zogen die scharfe, zackige Säge so lange hin und her, bis sie klemmte. Nun schlug ein dritter Mann einen Holzkeil in den Einschnitt, damit sich das Sägeblatt wieder bewegen ließ. So, unter Sägen und Schlagen, arbeiteten sich die Männer nahe an die Einschnittskerbe heran, bis der Baum endlich zur Erde krachte.
Im Frühjahr wurde das Holz geschnitten, entastet und entrindet. Die Rinde war kein Abfallprodukt, sondern wurde gesammelt und an eine Lohstampfe verkauft, wo sie dann in der Gerberei weiter Verwendung fand. Aber auch Papierfabriken waren Abnehmer für die Rinde.
Eine Bäuerin erinnert sich, dass sie als junges Mädchen so ihr Taschengeld verdient hat: *Wenn der Vater in den Holzschlag gegangen ist, hat die Rinde mir gehört. Ich durfte die Rinde auf einen Haufen zusammentragen und danach an Händler verkaufen, die sie weiter nach Steyrmühl in die Papierfabrik gebracht haben.*
Im Sommer verlor das Holz seine Feuchtigkeit und wurde schön „gering“ und leicht. Im Herbst wurde es geschnitten und vorne und hinten zugespitzt, sodass es dann – je nach Höhenlage – gleich oder erst im Winter abtransportiert werden konnte.
Die Arbeit im Holzschlag wurde im Akkord geleistet, die Bezahlung erfolgte erst im

Stolz auf die getane Arbeit, um 1950 in Pusterwald.

Familie Mitterbacher in Judenburg

Holzknechte in den 1930er-Jahren im Schottlgraben bei Oberwölz. Der Mann im Vordergrund hält ein so genanntes Maßstangerl in der Hand, das zum Messen der Holzbloche diente. Es hatte eine Länge von vier Metern, gekennzeichnet waren zwei und drei Meter.

Familie Leitner aus Katsch an der Mur

War die Arbeit beendet, wurde das Holz von der Forstverwaltung abgemessen. Vorne rechts stehend und sitzend sieht man zwei Männer mit Abmaßmappen. War das Ergebnis gut, wurde gleich im Wald bei der Holzknechthütte gefeiert. Dieses Bild entstand in den 1920er-Jahren am Hohen Laasen bei Katsch an der Mur.

Familie Leitner aus Katsch an der Mur

Nachhinein. Eine Bäuerin aus Katsch berichtet: *Nach getaner Arbeit wurde das Holz gemessen. Ein Herr von der Forstverwaltung kam und trug die Festmeter in eine Abmaßmappe genau ein. Das Ergebnis war ausschlaggebend für die Entlohnung der Holzarbeiter. War es gut, wurde oft gleich an Ort und Stelle gefeiert.*

Die Holzknechte führten eine Art Wanderleben. Wenn ein Schlag fertig abgeholzt war, zog sich ein breiter, kahler Streifen durch den Hochwald: Erst nach mehr als 100 Jahren könnte hier wieder Holz geschlagen werden. Die Holzknechte zogen also weiter, bauten eine neue Hütte an einer anderen Stelle, die ihnen von der Forstverwaltung vorgegeben wurde.

Heute gibt es Forststraßen, Seilzüge und Traktoren, die Arbeit von 50 Holzknechten kann heute von zehn Holzarbeitern bewältigt werden. Die Arbeit „im Holz“ ist schneller und effektiver geworden, die lange Zugsäge der alten Holzknechte wurde von der Zweimannmotorsäge abgelöst. Äxte, Sägen und original nachgebaute Laftenducks – all das gibt es heute nur mehr im Museum zu bewundern.

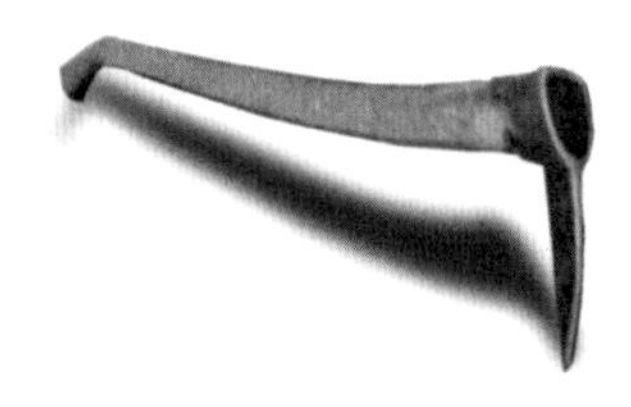

Harte Winterarbeit, um 1950.

Familie Heiß aus Bad Mitterndorf

Das geschlägerte Holz wurde im Winter entweder auf Schlitten oder mithilfe von Pferden zu Tal befördert. Diese nicht ungefährliche Arbeit erforderte Mut und Geschicklichkeit.

Familie Pitscheider aus Rottenmann

Ein Hiaterbua wird zum Schulerbuam

Ich war net gscheit sechs Jahre alt, da ist der Herr Oberlehrer zu uns gekommen, um mich aufzunehmen und einzuschulen. Der Oberlehrer ist damals von einem Bauern zum anderen gegangen und hat sich umgeschaut, wer von den Kindern zum Schulgehen reif war.
Ich war gerade beim Viehhalten. Zu der Zeit, als es noch keinen Elektrozaun gegeben hat und man die Tagesration für die Kühe noch nicht abgrenzen konnte, haben wir Kinder darauf achten müssen, dass sich die Viecher nicht zu weit entfernen. Wenn das doch passiert ist, hat man sie halt zurücktreiben müssen. Wir haben immer gut aufpassen müssen, zum Spielen war da keine Zeit, aber oft war es doch ganz schön, besonders, wenn wir Kinder Feuerl geheizt haben und Erdäpfel gebraten.
Eines Tages, wie gesagt, kommt der Oberlehrer daher und schaut mich ganz genau an. Ich war so ein schmächtiges, kleines Bürscherl. „Der ist ja frisch und munter, den nehmen wir!", hat der Lehrer gleich gesagt. So, jetzt war ich reif zum Schulgehen!
Damals hat jeder Hüterbub eine Peitsche gehabt, vorne war so ein Schmiss drauf. Jetzt nimmt der Oberlehrer einen Knäuel mit einer aufgewickelten Schnur aus der Tasche und schneidet für mich ein Stück ab. Er war sehr großzügig und hat mir einige Meter Schnur geschenkt. Damit bin ich den ganzen Herbst ausgekommen!

Maximilian Burböck, Gaal

„Ochsenhalten"
war Kinderarbeit. Oft mussten die Buben auf bis zu 20 Stück Vieh aufpassen.

Familie Eisler aus Frohnleiten

Viele Buben arbeiteten als Viehhalter auf der Alm. Dieser Hirte gibt dem Vieh gerade die „Haltknödln", ein Gemisch aus Heublumenmehl, Salz, Mehl und Wasser.

Familie Pöllabauer aus Gasen

Schon früh lernten die Kinder, mit den Tieren umzugehen. Das Bild zeigt den kleinen Sepperl mit einem Zwillingsochsenpaar im Jahr 1949.

Familie Hochörtler aus Stanz im Mürztal

Das Schuheputzen war gewiss eine der leichteren Arbeiten für die Kinder. Mädchen mussten schon früh in der Küche, im Stall und beim Kinderhüten mithelfen.

Familie Brunner
aus St. Peter am Kammersberg

Der lange Weg zur Schule

Der lange Schulweg, oft eine Stunde und mehr, war für viele Bauernkinder nicht nur eine Belastung, sondern auch eine der raren Möglichkeiten, sich zum Spielen zu treffen und mit Gleichaltrigen zusammenzukommen. Eine Bäuerin drückt es so aus: *In die Schule gehen war lustig, da haben wir wenigstens nicht arbeiten brauchen!* Weniger lustig war es freilich für jene Kinder, die noch vor dem Schulweg daheim Arbeiten verrichten mussten, wie das Vieh austreiben, im Stall mithelfen oder, im Winter, Holz herrichten. In der kalten Jahreszeit, wenn die Kinder stundenlang durch den Schnee stapfen mussten, hatten sie mit den damals gebräuchlichen wasserdurchlässigen, schweinsledernen Schuhen oft „gefrorene Füß'". Gut, dass in der Schule ein eiserner Ofen wartete, an dem man sich ein bisschen aufwärmen konnte! Besonders schwer hatten es die Mädchen, die keine Strumpfhosen, sondern nur wollene Strümpfe trugen. Bei eisigem Wetter sollen sich da sogar Eiszapfen an den „Strumpfbandln" gebildet haben. Im Sommer hingegen wurde der Schulweg nicht selten barfuß zurückgelegt, denn Schuhe waren, wie auch das „Gwand", kostbar und mussten geschont werden. Dennoch hatten die Kinder meist ein „Schulgwand", weniger schön zwar als das „Sonntagsgwand", doch besser als die Arbeits- und Alltagskleidung. Bei den Mädchen war dies eine Schürze, ohne die es undenkbar gewesen wäre, in die Schule zu gehen. Ein alter Spruch sagt: *Kinder ohne Schürze sind*

Äpfel, Germ und Stollwerck

Am Weg von der Schule nach Hause hab ich oft vom Kaufmann etwas mitbringen müssen. Nie viel, die Mutter hat immer nur geringe Mengen eingekauft, etwa ein Viertelkilo Zucker. Einmal hat sie mich um eine Germ geschickt. Da habe ich am Heimweg zuerst ein Stückerl gekostet und noch eines und noch eines, und auf einmal war die Germ weg! Die Mutter hat daheim schon darauf gewartet, und ich habe sie weggegessen, weil ich schon so hungrig war.
Ein anderes Mal habe ich an einen langen Stecken vorne einen Nagel draufgesteckt. Mit diesem Gerät habe ich bei den Bauern beim Kellerfenster hineingestochert und mir damit einen Apfel aufgespießt. Uns hat damals ja alles geschmeckt, vor allem, weil wir nicht an Süßes gewöhnt waren. Wir haben höchstens einmal ein Stollwerck bekommen oder gedörrte Zwetschken. Mei, war das gut!

Maria Pastolnik, Wuggitz

Ein besonders liebes Schulfoto aus den 1920er-Jahren! Man beachte, dass zwei Kinder ohne Schuhe in die Schule gehen mussten.

Familie Spreitzer aus St. Georgen ob Murau

30 Schüler besuchten die Radschule in Großveitsch – hier 1922 bei einer Ausspeisung.

Familie Fladl aus Veitsch

ein Graus, wie Ferkel sehen sie aus! Die Schürze wurde, wenn es nur eine gab, jeden Tag gewaschen und sollte das Kleid vor Verschmutzungen schützen.

Eine Bäuerin, die in den 1940er-Jahren zur Schule ging, erinnert sich: *Als Jause haben wir nur ein Stück Brot mitbekommen. Am Schulweg haben wir immer geschaut, ob beim Nachbarn vielleicht ein Apfel heruntergefallen ist. Eine Birn hat man nicht so leicht erwischt, eher schon einen Spendling. Man kann sich heute gar nicht mehr vorstellen, wie wir uns über das Obst gefreut haben!* Öfters haben die Bauernkinder auch ihr Stückchen Brot mit den anderen getauscht, denn jedes dieser selbst gebackenen Brote schmeckte anders. Das eine war dunkelbraun, fast schwarz, das andere heller, vielleicht mit Weizenmehl gebacken.

Das Schöne am Schulgehen aber war der Heimweg. Adelheid Pöllabauer aus Gasen denkt gern daran zurück: *Der Heimweg war sehr lustig! Wir sind bei einer Mühle vorbeigekommen, und da konnte man sich in das Mühlrad stellen und drinnen, im Mittelpunkt des Rades, mitgehen. Das Mühlrad hat sich bewegt, und wir mussten das Gleichgewicht halten. Sehen durfte uns allerdings niemand, denn es war uns streng verboten, hier am Wasser zu spielen! Hin und wieder ist auch wirklich einer ins Wasser gefallen. Oder ein anderes Mal haben wir bei der Wasserwehr, da, wo das Wasser hineinfließt, gerauft. Und ein Schulerbua fallt hinein und reißt mich mit. Patschnass waren wir beide!*

Wenn ein „Schock" Kinder beieinander war, wurde auch gerne „putschögelt", ein bei Buben früher sehr beliebtes, heute längst vergessenes Spiel. Einen „Putschögl", einen Ast mit einem zugespitzten Ende, hatte ein Bub am Schulweg wohl immer mit. Dabei warf der Erste seinen Stock fest in die Erde, die anderen mussten nun mit ihrem Putschögl so zielen, dass der gegnerische Stock umfiel, ihr eigener aber fest in der Erde steckte.

Die Mutter daheim wusste genau, dass der Heimweg von der Schule viel „länger" dauerte, als der Hinweg am Morgen. Wenn nicht gerade dringende Arbeit zu Hause wartete, gönnte man den Kindern ein paar unbeschwerte Stunden und ein bisschen freie Zeit.

Süßes war eine seltene Köstlichkeit! Ein Grazer, der in einer Schnittenfabrik arbeitete, brachte den Kindern ab und zu „Abfälle" mit, die auf der Stelle mit großem Appetit verzehrt wurden.

Familie Schlegl aus Semriach

So waren die Kinder im Jahr 1940 für die Schule gekleidet. Das Mädchen mit sauberer Schürze, die Buben mit „Jankerl" und Dreiviertelhose.

Familie Ulrich aus St. Anna am Aigen

Die rupfene Leinwand

Die Hausleinwand ist ein schönes Beispiel für die bäuerliche Selbstversorgung: Jede Arbeit, vom Aussäen des Flachses bis zur Herstellung eines Tischtuchs oder einer Schürze, lag in der Hand des Bauern oder der Bäuerin. Aussäen, ernten, dörren, brecheln, spinnen, weben und schneidern – alles fand am Bauernhof statt. Christian Schölnast, der große Chronist des alten Bauernlebens, hat es einmal so formuliert: *Die Großeltern, Mann und Frau, trugen kein einziges Kleidungsstück auf dem Leib, das nicht aus dem heimischen Grund und Boden hervorgegangen wäre. Das himmelblaue „Hoarfeld", das Flachsfeld, war zwar wunderschön anzusehen, aber wie viel Arbeit steckte dahinter, bis aus dem Flachs ein rupfener Janker oder ein reistenes Tischtuch geworden war!*

Der reife Flachs wurde Ende September samt den Wurzeln „ausgerauft" und, nachdem die Erde abgeschüttelt wurde, auf dem Feld in „Handeln", eine Menge, die man in der Hand fassen konnte, gebündelt und zu „Buschen" mit je 20 Handeln zusammengestellt oder auf einen „Hiefel" gehängt und vorgetrocknet. Danach wurde in der Tenne der Leinsamen ausgeriffelt, und nun wurde der Flachs auf einer frisch gemähten Wiese zum Bleichen ausgelegt. So lange sollten die Flachsbuschen liegen bleiben, bis der holzige Teil mürbe und brüchig geworden war. Wehe, wenn ein Halterbub nicht aufpasste und seine Kühe über die „Hoarbloach" liefen! Beim Einsammeln wurden je drei Flachsbuschen zu einem „Scheed" gebunden. Nun musste der Flachs warten, bis die Arbeit am Feld im Herbst vorüber war.

Dann war der Tag des Brechelns gekommen, der zwar viel Arbeit für die Mädchen und Frauen der Nachbarschaft bringen würde, aber auch immer Anlass für Späße, Tanz und Ausgelassenheit war. Schon in der Nacht wurde die „Hoarstuben", der Dörrofen, eingeheizt, und um fünf Uhr in der Früh, wenn die Brechlerinnen erschienen, war der Flachs schon ganz dürr. Die erste schwere Arbeit mit den Schrot- oder Doppelbrecheln besorgten die Männer, die Frauen arbeiteten mit den einfachen Brecheln nach. Ständig wurde aus der Haarstube heißer Flachs gebracht und musste durch kraftvolles Niederschlagen des Brechelschwertes von den holzigen Bestandteilen befreit werden. Eine Bäuerin berichtet: *Die Männer haben den Flachs gehackt, das war eine eher staubige Angelegenheit. Die Frauen haben den Flachs dann fein gemacht, wir haben mit der Brechel fest draufgehaut, den Flachs ausgeschüttelt und immer wieder draufhauen und schütteln, so lange, bis das weiche Hoar übrig geblieben ist.* Hitze an den Händen, Kälte an den Füßen,

Nach der Ernte wurde die Samenkapsel mit dem Leinsamen mit der Flachsriffel, einem eisernen Kamm mit spitzen Zinken, von der übrigen Pflanze getrennt. Dazu wurde der Flachs, wie hier zu sehen, büschelweise durch die Riffel gezogen. Das war viel zusätzliche Arbeit zur Erntezeit.

Familie Gangl aus Kirchbach

Flachsbrecheln um 1905. Man erkennt gut die Brechel, die aus zwei beweglichen Holzbacken besteht. Auch für die Kinder war das Brecheln eine willkommene Abwechslung: „Spaßhalber" wurden sie über die Brechel gelegt und bekamen dafür als Belohnung ein Zuckerl.

Familie Gschweitl aus Pischelsdorf

überall Staub – eine „schöne" Arbeit war das Brecheln bestimmt nicht. Und dennoch freuten sich schon viele auf diesen Tag, denn das Schönste am Brecheln waren das Tanzen und die Unterhaltung nach der Arbeit!
Nach dem eigentlichen Brecheln mussten noch die am Flachs verbliebenen harten Teile beim Hecheln mit der „Hoarriefl", dem Haarkamm, entfernt werden. Das Hecheln geschah in mehreren Durchgängen, zuerst für die grobe Rupfenleinwand, dann für die mittelfeine Abaschtenleinwand und schließlich für die feine Reistenleinwand. Nun wurden die Flachssträhnen zu Zöpfen gedreht und waren fertig zum Spinnen. In der ruhigen Jahreszeit, im Winter, liefen die Spinnräder in der Stube oft den ganzen Tag, und bis in den März hinein wurden viel Flachs und auch Wolle gesponnen. Christian Schölnast schreibt, dass bei ihm in der Oststeiermark jede Bäuerin, ihre Töchter und die Mägde in der Stube einen langen Nagel an der Wand hatten, an dem im Laufe des Winters die selbst gesponnenen Garnsträhnen aufgehängt wurden. Bei der einen „bog" sich der Nagel förmlich unter dem gesponnenen Garn, bei der anderen war er halb leer. War ein junger Mann auf der Suche nach einer Braut, konnte er, wie jeder andere Besucher auch, mit einem einzigen Blick erkennen, wie fleißig seine Zukünftige war.
Das Garn wurde gewaschen, zu Knäueln gedreht und schließlich in oft wochenlanger Arbeit vom Störweber zu Leinwand verarbeitet. Die feinste Qualität war die reistene, die gröbste war die rupfene Leinwand. Wur-

Beim Brecheln hat man das Tanzen gelernt

Ich war ja nur eine Keuschlerdirn, aber meine Godl war eine große Bäuerin. Und die hat mich in der Zeit von Allerheiligen bis Advent immer zum Brecheln eingeladen. Auf den Tag habe ich mich schon gefreut, denn das Brecheln war ein großes Fest! Schon beim Brecheln selbst war es recht lustig, denn immer wieder hat einer den anderen mit Ruß angeschwärzt. Einmal haben die Mannleut die Weiber erwischt, dann wieder die Weiberleut die Männer! Man ist in die Haarstube gelaufen, hat eine Hand voll Ruß geholt und hat einen schwarz angeschmiert!
Wenn man mit der Arbeit fertig war, hat man sich gewaschen und umgezogen, und dann ist die Gaudi erst richtig losgegangen.
Meine Godl hat große Mengen an Strudel gemacht, sieben, acht Reinen, denk ich wohl. Gute Strudel waren das, mit Weinbeeren! Und die süßen Branntweinnussen, die waren auch sehr gut! Da haben dann die Leut, Nachbarn und Schulbuben, beim Fenster angeklopft und, wenn man aufgemacht hat, haben sie einen Spieß hineingehalten, damit man ihnen ein Essen draufsteckt. So ist jeder zu seinem Teil gekommen. Meistens war auch noch ein Spielmann da, ein Harmoniespieler, und hat zum Tanz aufgespielt. Beim Brecheln hat man das Tanzen gelernt! Dann haben wir noch gespielt „Johann, komm herein", das war ein Versteckspiel, und andere Spiele. Lustig war's, und vor zwei sind wir meistens nicht heimgegangen.

Anna Kandlbauer, Strallegg

Flachsbrecheln um 1910 in Seiz bei Kammern im Liesingtal.

Familie Kammerhofer aus St. Ilgen

Flachsbrecheln war in erster Linie Frauenarbeit. Im Hintergrund ist die „Hoarstubn" zu sehen, in der der noch ungebrechelte Flachs durch Erhitzen gedörrt wurde.

Familie Lendl aus Kleegraben

den gar Flachs und Wolle zusammengewebt, ergab das ein grobes, starres Gewebe, so mancher musste sich im Winter mit solchen „bocksstarrigen" Zudecken abplagen. Sie waren so hart, dass man sie oft nicht einmal biegen konnte, und schützten kaum gegen die Kälte! Nicht zu vergleichen mit dem schönen Linnen, das sich eine fleißige Bauerntochter als Heiratsgut „erspinnen" konnte. Denn die Mitgift der Braut bestand lange Zeit fast ausschließlich aus möglichst vielen Ballen selbst geschaffener Hausleinwand!

Der Anbau von Flachs, eine der ältesten Kulturpflanzen der Menschheit, ist durch das Aufkommen der Baumwollfaser sehr stark zurückgegangen. Aber wer weiß, vielleicht wird eines Tages der Faserflachs auf der Suche nach Alternativkulturen wieder entdeckt!

An den langen Winterabenden wurde fleißig gesponnen. Wir sehen hier die Stammermutter aus Rohrmoos, wie sie gerade mit den Fingern einen Faden von immer gleichbleibender Stärke formt, während sie mit dem Fuß das Spinnrad in Bewegung hält.

Familie Weikl-Fischbacher aus Rohrmoos-Süd

Das alte Almleben

Gott sei Dank, i bin wieder auf meiner liabn Olm, mit fünf Küah und an Schippl Kolbn. Die Sennerin Julie Götzenbrugger aus Hall bei Admont dichtete diese Zeilen vor lauter Freude, endlich wieder auf der Alm zu sein. Vor allem die Frauen, die Sennerinnen und Schwoagerinnen, freuten sich schon auf den Almauftrieb im Mai oder Juni. Dort oben wartete auf sie zwar harte Arbeit, aber sie genossen eine Freiheit, wie es sie unten im Tal, auf den Bauernhöfen nicht gab.

Wenn es ans „Almfahren" ging, war um zwei Uhr morgens schon alles auf den Beinen. Es wurde gemolken, die Weideglocken wurden weggetan, die große Fahrglocke wurde angehängt. Das Vieh fing zu „plärren" an und wurde unruhig, denn die erfahrenen Kühe wussten sehr wohl, was jetzt kommen sollte. Wenn das Vieh aus dem Stall getrieben wurde, stieg es mancherorts über einen Zweig aus einem Palmbuschen oder auch über zwei gekreuzte Gabeln. Man glaubte, dass das Vieh dann auf der Alm vor Unfällen geschützt war.

Auf der Alm angekommen, hieß es fleißig sein für die Sennerin. Die Hütte musste geputzt werden, alles wurde abgekehrt und abgerieben, und es wurde eingeheizt. Die Bauern hatten zu dieser Zeit schon längst alle Zäune und Wege ausgebessert und repariert und die Alm geschwendet, also von allem Gestrüpp und Bewuchs befreit. Am zweiten oder dritten Tag kamen dann noch die Schweine nachgefahren, denn: *So lang d' Sau nicht da sind, ist es kein richtiges Almleben!* Die Almsau wurde mit bestem Futter, vor allem mit Magermilch, ernährt und war wegen ihres zarten Fleisches eine gesuchte Delikatesse.

Der Tag einer Sennerin begann zeitig, meist um fünf, oft aber auch schon zwischen drei und vier Uhr früh, da viele Arbeiten in den kühlen Morgenstunden erledigt werden mussten. Wenn die Rinder nicht im Stall genächtigt hatten, mussten sie vor Sonnenaufgang von der Weide geholt, gemolken und wieder auf die taunassen Wiesen ausgetrieben werden. So konnte das Vieh das nasse Gras abweiden und in der Tageshitze gesättigt im Schatten liegen. Die zweite Melkung erfolgte gegen vier Uhr am Nachmittag. Nach jedem Melken musste die Milch geseiht und zum Aufrahmen in den Keller gestellt werden. Etwa jeden zweiten Tag wurde Butter gerührt, ein- bis zweimal in der Woche wurden Käse und Schotten, eine Art Topfen, zubereitet.

Dann war es wieder zum „Gleckschneiden", dem würzigen Futter, das die Sennerinnen mit der Sichel schnitten und im Glecktuch auf dem Kopf oder am Rücken

Stolz lassen sich die Sennerinnen am Kreutzberg im Paltental mit den blitzsauberen hölzernen Milchgefäßen fotografieren. Peinliche Sauberkeit war für die Milchwirtschaft unerlässlich, die gereinigten Gefäße wurden vor der Hütte an der Sonne getrocknet. Gut zu sehen ist auch das hölzerne Drehbutterfass, auch Rührkübel genannt.

Familie Pitscheider aus Rottenmann

Die Sennerin beim Melken und zwei Viehhalter auf der Preberalm, 1933.

Familie Kocher aus Krakaudorf

heimtrugen. Das Gleck vermischten sie mit Salz und lockten damit das Vieh beim Heimtreiben an: *Heedoo, Kuahla, heedoo! Seh, Scheckin, seh! Kimm, Gamsl, heedoo!* Die Tiere kannten den Ruf „ihrer" Sennerin genau und folgten ihrer Stimme. Abends gab es noch einen Segensspruch für das Vieh auf der Alm: *Heiliger Vater Patrizius und Leonhardi und der heilige Oswaldi soll euch alle schön beschützen! In Gottes Namen tut's schön schlafen!*

Der Samstag war der Tag der Almgeher und bot Gelegenheit zu allerlei Unterhaltungen. In einer Zeit ohne Fernsehapparat und mit begrenzten finanziellen Mitteln war eine Almpartie eine willkommene Abwechslung. Ein Mundharmonikaspieler, ein paar gute Sänger, lustige Sennerinnen mit Freude am Tanzen – da konnte es schon Nacht werden, bis man sich, etwas angeheitert, wieder auf den Weg zurück ins Tal machte. Überhaupt wurde früher mehr gesungen und gejuchazt. *Oft sind wir zusammengestanden und haben gejuchazt. Und wenn einer unseren Juchazer gehört hat, hat er auch zurückgejuchazt. So haben sich die Leute unterhalten, damals!*, erzählt eine alte Sennerin.

Oft beehrte die Sennerin einen Almgeher zum Abschied mit einem Jodler oder Juchazer. Auch als Kommunikationsmittel über größere Distanzen war so ein „Almschrei" hervorragend geeignet. Im Ausseerland kannte man den „Bschoadtoan", einen kurzen Ruf mit einem Jodler, beispielsweise: *Liserl, kim uma auf d' Nacht, i han an schen Almbuam …*

Wenn einem das Glück auf der Alm hold war, wenn das Vieh von Absturz oder Blitzschlag verschont geblieben war, wenn auch daheim am Hof niemand gestorben war, dann wurde fürs Heimfahren aufgekranzt.

Als Halterbub auf der Hochalm

Ab meinem zwölften Lebensjahr war ich im Sommer Halterbub auf der Waidhofalm, einer extrem gelegenen, baumlosen Hochalm. Wegen der steilen Weiden und der schluchtartigen Gräben war das Vieh dort oben sehr absturzgefährdet. Zaunholz und Stacheldraht waren nicht vorhanden, so musste ich bei jeder Witterung beim Vieh sein. Regenschutz hat es keinen gegeben und auch keinen Baum zum Unterstellen. Mein Gewand aus Loden war nicht wasserdicht, wenn es einmal nass geworden war, wurde es über Nacht nicht mehr trocken – und zum Wechseln war fast nichts da. Ins Hüttenheft habe ich geschrieben: „Sauwetter, regna tuats noch und nöcher, und i mit mein zrissnan Rock und d' Hosn voller Löcher!"

Eine einzige absturzsichere Weide hat es gegeben: Sie war für Sonntag reserviert oder wenn ich mit Butter beladen heimging, um Lebensmittel zu holen. Bei flotter Gangart brauchte ich dafür hinunter drei Stunden und hinauf vier. Die Schwierigkeiten des Almlebens habe ich trotzdem nicht als Belastung empfunden, das Schöne hat überwogen! Es war herrlich, wenn um fünf Uhr früh die Sonne zwischen den Bretterritzen auf das armselige Nachtlager gescheint hat. Meine Schwester hat dann die Kühe gemolken, und ich habe am offenen Feuer Polenta gekocht. Dazu gab es Butter und kuhwarme Milch.

Matthias Bochsbichler, Donnersbach

Die Sennerin Maria Pickl auf der Hocheckalm in der Veitsch im August 1938 beim Heutragen. Zu jeder Alm gehörten auch Schweine! Sie wurden vor allem mit „Kaswasser", einem Abfallprodukt bei der Käseerzeugung, ernährt.

Familie Pickl aus Veitsch

Aus Almrausch wurden Kränze gebunden, verziert mit Almblumen und Krepppapier, damit wurde jede Kuh und jedes Kalberl geschmückt, der Stier wurde extra mit einem Tannenbäumchen, dem Grössing, gekrönt. *Beim Heimfahren haben wir die Raunkerln, die Almkrapfen, ausgeteilt. Da haben die Kinder schon darauf gewartet und auch die großen Leut!,* erinnert sich eine Sennerin aus dem Ausseerland. Wenn beim Almabtrieb auch noch ein „schiacher" Stiertreiber dabei war, mussten sich besonders die jungen Frauen in Acht nehmen. Der zottige, mit Moos verkleidete Bursch mit seinem geschwärzten Gesicht versuchte, wo er nur konnte, eine Sennerin zu „halsen", die nach diesem „Busserl" ebenfalls ganz schwarz war.

Die dichtende Sennerin Julie Götzenbrugger schrieb über das Ende des Almsommers: *Wann d' Woad wird kluag und d' Mülch wird goar, wird's langwali, nimmt's Schwoagn an End für das Jahr. … Im Frühjahr gern toni, in Hirbst gern hoam, wanns auf da Alm nix mehr hoaßt!*

Die Sennerinnen Josefa Tulnik und Priska Petz beim Puchkreuz in Hinteregg im Jahr 1946.

Familie Fussi aus Oberwölz

Die Sennerin und zwei Viehhalter vor der Möslhütte auf der Preberalm.

Familie Kocher aus Krakaudorf

Der Haustrunk

Wein, gerade genug für den Hausgebrauch, der „Haustrunk“ eben, wurde früher in vielen kleinen und kleinsten Weingärten im Süden der Steiermark produziert. Ein „Fassl“ oder zwei standen immer im Keller, und je nach Bedarf holte man den einen oder anderen Krug zu besonderen Anlässen herauf. Am Feiertag, am Sonntagnachmittag oder nach einer besonders schweren Arbeit wurde ein „Glaserl“ kredenzt, gewöhnlich nicht mehr.

Ein Bauer aus der Südoststeiermark erinnert sich gerne an die Lesezeit: *Auf die Weinlese haben wir uns schon gefreut! Alle sind gerne lesen gegangen, Freunde und Verwandte, die haben schon gewartet auf den Tag. Es hat ein gutes Essen gegeben, im Kellerstöckl wurde für uns frisch gekocht!* Zur Weinlese eingeladen zu werden, war eine Ehre. Es war keine schmutzige Arbeit, im Mittelpunkt standen das „Zusammenkommen“ und eine besonders gute Jause. Jeder wartete schon darauf, dass er „ghoaßn“ würde, wer wider Erwarten nicht eingeladen wurde, war fast beleidigt. Dass die Weinlese ein gesellschaftliches Ereignis war, zeigt, dass sie sogar manchmal an einem Sonntagnachmittag stattfand und dass man nicht im gewöhnlichen Arbeitsgewand erschien, sondern ein „besseres Gwand“ trug.

Zu zweit gingen die Mädchen und Frauen in einer Zeile, schnitten mit dem Rebmesser die Trauben in den Kübel und riefen, wenn dieser voll war, nach dem Buttenträger. Der Träger entleerte die Trauben in bereitstehende Bottiche oder brachte sie gleich zum Presshaus. Einst hatte der Buttenträger bei größeren Betrieben ein Zählholz bei sich, für jede volle Butte wurde eine Kerbe in den Stock geschnitten.

In den alten Weinpressen mit Holzspindel und Pressbaum wurden die Trauben durch das Herabdrehen der Pressspindel bis zum letzten Tropfen ausgepresst. An der Spindel hing ein schweres Gewicht, und durch das gleichmäßige Drehen der Spindel wurde der Druck über den Pressbaum auf die Trauben weitergegeben. Eine Bäuerin aus der südlichen Steiermark: *In der Press hat der Vater die Trauben auf das Pressplateau geschüttet, dann hat er mit sauberen Gummistiefeln oder barfuß die Trauben so lange getreten, bis der Saft zu rinnen begonnen hat. Nachher wurde ein „Stock“ gemacht, die Trauben kamen in einen Presskorb und wurden mit dem Pressbaum fest ausgedrückt. Am nächsten Tag haben wir den Wein in Eimern in den Keller getragen und dort in die Fässer geschüttet.* Die Gummistiefel, mit denen die Trauben gestampft wurden, wurden niemals außerhalb der Weinpresse getragen. Sie standen

Die Weinlese war ein Ereignis, auf das sich alle freuten.

Familie Lang aus Großsteinbach

Weinlese 1959: Der Buttenträger musste die Trauben fast einen halben Kilometer zur Presse tragen, alles ohne Bezahlung. Es ging in erster Linie ums Zusammensein!

Familie Weinhandl
aus St. Peter am Ottersbach

Das „Fasslwaschen" war eine Herbstarbeit.

Familie Walch aus Eggersdorf

das ganze Jahr in der Presse und dienten nur diesem einen Zweck.
Apfelmost und Wein wurden in Holzfässern gelagert. *Das Reinigen der Fässer war eine schwere Arbeit. Man hat Fasslketten in die Fässer gegeben und das Fass so lange hin- und hergeschaukelt, bis nur mehr sauberes Wasser herausgeronnen ist. Es hat gepumpert und geklopft, wenn die Ketten im Fass hin- und hergerutscht sind. Zum Schluss hat man das Fass ausgeschwefelt, indem man einen Schwefelstreifen in das Fass gehängt, diesen angezündet und das Fass verschlossen hat. Ob das Fass wirklich sauber war, hat man daran gemerkt, ob der Schwefel gut gebrannt hat. Wenn das Feuer im Fass erloschen ist, musste man weiterputzen, sonst war es rein.*
Das Alltagsgetränk war aber nicht der Wein, sondern der Most. *Most hat man eigentlich immer getrunken. Ein Krug Most ist reihum gegangen, und alle haben davon getrunken. Wenn die Männer gemäht haben, haben sie schon zum Frühstück Most gehabt, und wenn sie am Sonntagnachmittag zusammengesessen sind, haben sie auch Most getrunken.* Most und erst recht Wein waren aber „immer zu wenig“. Man musste sparsam sein und das edle Getränk recht oft mit Wasser verdünnen, denn ein jeder Tropfen war wertvoll!
Hatte jemand jedoch mehr Anbaufläche und über den Hausgebrauch hinaus das eine oder andere Fass übrig, dann gab es für ein paar Wochen im Jänner und Februar eine „Buschenschank“. Nachbarsleute kamen zusammen, tranken, „dischkurierten“ oder spielten Karten. Essen wurde dabei keines verkauft, der Wein wurde nicht in Flaschen, sondern direkt vom Fass abgegeben, und so nebenbei verdiente der Bauer ein paar Schillinge dazu.
Früher war der Weinbau zur Gänze „Handarbeit“. Besonders viel Arbeit war das Weinberghauen im Frühjahr. Jede „Weinbeergasse“, jede Zeile zwischen den Weinstöcken, musste mühsam mit der Haue von Unkraut und Gras befreit werden. Auch das Stampfen und Pressen der geernteten Trauben erfolgten noch ohne moderne Technik. Mag sein, dass der Hauswein einst kein so edler Tropfen war, wie ihn die steirischen Weinbauern heute hervorbringen, mag sein, dass er das war, was man heute einen „Heckenklescher“ nennt, aber es war der Wein, der „zum Haus gehörte“, der Haustrunk eben.

Dieses Foto wurde 1920 beim Aichberger in Aibl bei Eibiswald aufgenommen. Es zeigt die gerade fertig gestellten neuen Most- und Weinfässer.

Familie Brauchart aus Eibiswald

Der typische Mostapfel, der Maschanzker, war in der Steiermark lange die verbreitetste Apfelsorte. Äpfel wurden aber auch für den Verzehr gelagert: Durch die ausgeklügelte Lüftung in den Erdkellern kamen bis ins Frühjahr hinein frische Äpfel auf den Markt.

Familie Hütter aus Jagerberg

Ziegelschlagen und Kalkbrennen

Die Ziegel für unser Haus haben wir Stück für Stück selbst geschlagen und selbst gebrannt! Wenn Maria Radkohl aus St. Peter am Ottersbach vom Hausbau 1950 erzählt, wird schnell klar, dass „Häuslbauen“ früher Schwerarbeit war. Familie Radkohl hat nicht nur jeden Ziegel selbst hergestellt, auch der Löschkalk stammte aus der hauseigenen Grube, und alles, selbst Fensterstöcke und Türen, hatte der Vater selbst gemacht. Nur die Hilfe von zwei Maurern war unentbehrlich, die mit viel Geschick die unregelmäßig großen Ziegel zu Mauern gesetzt hatten.

Bis in die 50er-Jahre des vorigen Jahrhunderts konnte man in der Süd- und Südoststeiermark noch vereinzelt „Ziegelschlager“ am Werk sehen. Der dort vorkommende Ton, Baustoff der alten „gsatzten“ (gesetzten) Lehmhäuser, wurde nun genützt, um Ziegel herzustellen.

Eine „Loahmlockn“, eine Lehmgrube, war schnell ausgehoben, aber der Lehm war noch bröckelig und hart. *Der Lehm wurde mit den Füßen so lange getreten, bis er fein und knetbar wurde. Das war harte Männerarbeit: treten, Wasser schütten, wieder treten!*

Nun kam das eigentliche „Ziegelschlagen“, der Lehm wurde in Modeln gedrückt und auf eine sandige Fläche gestürzt. So wurde Ziegel für Ziegel zum Trocknen aufgelegt. Juliane Edelsbrunner, die als Kind ihren Eltern 1949 beim Ziegelschlagen geholfen hat, erinnert sich: *Wir mussten um vier Uhr früh aufstehen, mein Bruder, unsere Eltern und ich. Noch vor dem Schulegehen mussten wir 1200 Stück absetzen. Wenn wir zu Mittag heimkamen, alle Ziegel aufdrehen und am Abend in die Stellage einräumen. Insgesamt haben wir 35.000 Stück geschlagen, die mein Vater auch alle selbst gebrannt hat. Es war eine mühsame Arbeit, das Ziegelschlagen!*

Mühsam und langwierig war diese Arbeit tatsächlich, denn erst im Herbst konnten die getrockneten Ziegel im Ziegelofen, der in der leeren Lehmgrube aufgebaut wurde, gebrannt werden, und erst im Winter darauf waren die Ziegel „gebrauchsfertig“.

Maria Radkohl berichtet, dass der Ziegelofen 14 Tage lang fast ununterbrochen geglüht hat: *Dünnes Holz wurde büschelweise zusammengebunden, und damit wurde ständig nachgeheizt. Oft hat es so gebrannt, dass die Flammen aus dem Ofen geschlagen haben! Deshalb sind die Männer immer mit nassen Fetzen bereitgestanden, um das Feuer zu löschen. Trotzdem, manchmal haben die Ziegel zu viel Hitze erwischt. Sie sind dann nicht rot geworden, sondern blau und hart wie Stein.*

Kalkbrennen im Jahr 1937: Im gemauerten Kalkofen wurde der Kalkstein gebrannt und danach mit Wasser gelöscht. Der so gewonnene Kalk eignete sich hervorragend als Mörtel. 14 Tage lang wurde der Ofen ununterbrochen beheizt, ständig musste ein Heizer anwesend sein. Auf dem Bild wird gerade die Jause gebracht.

Familie Berger aus Oberwölz

Für das Ziegelschlagen musste zu Winterbeginn eine Lehmgrube ausgehoben und aufgelockert werden. Durch den Frost wurde der Lehm feinkrümelig und knetbar. Im Frühjahr kamen dann die Ziegelschlager. Hier sieht man den „Aufscheiber", der den zubereiteten Lehm mit der Scheibtruhe zum Ziegeltisch befördert. Vorne rechts die Bauersleute mit ihren Kindern.

Familie Weiss aus Nestelbach bei Graz

Auch diese Ziegel, selbst wenn sie ein bisschen „geschrumpft“ waren, wurden zum Hausbau verwendet. Nun kam auch der Löschkalk als Bestandteil des Mörtels zum Einsatz: *In einer Grube vor dem Haus hatten wir immer einen Vorrat an Löschkalk. Je älter der war, desto besser ist er geworden: wie dicker Sauerrahm! Der hat ruhig zehn Jahre alt sein können, da war er dann wie „geschmalzen“!* Von der legendären Qualität des alten Löschkalks schwärmt auch Simon Berger vom Tirzlhof in Oberwölz: *Der reine Löschkalk hatte eine solche Qualität, die gibt es heut' gar nicht mehr!* Bergers Familie beherrschte die Kunst des Kalkbrennens, ein Vorgang, der viel Sachkenntnis erforderte.

Simon Berger erzählt von den Vorbereitungen, die für das Brennen nötig waren: *Zuerst haben wir im Steinbruch Kalkstein abgesprengt, dann musste sehr viel Brennmaterial herangeschafft werden, 30 bis 40 Raummeter!* Nun galt es, die vorbereiteten Steine in den Kalkofen zu schlichten, wobei man darauf achten musste, dass die Ladung später beim Brand nicht in sich zusammenfiel. Das Kalkbrennen selbst war ebenfalls eine Tätigkeit, die sehr viel Aufmerksamkeit erforderte. Ständig mussten Holzscheite nachgeschoben werden, das Feuer musste Tag und Nacht am Brennen gehalten werden. Jene, die beim Kalkbrennen dabei waren, erinnern sich noch an die besondere Atmosphäre in der Nacht. Durch die Entgasungslöcher im Ofen züngelten immer wieder bläuliche Flammen, die gemeinsam mit dem entstehenden Gasgeruch eine unheimliche Stimmung erzeugten. Dies lockte manchmal Zuschauer an, die den Kalkbrennern die mühevolle Nachtwache kurzweiliger machten.

Ziegelschlagen und Kalkbrennen, zwei alte Techniken, die heute schon fast in Vergessenheit geraten sind, erinnern uns an eine Zeit, in der industriell gefertigte Waren kaum erhältlich waren und in der handwerkliche Fähigkeiten hoch geschätzt wurden.

Das Ziegelschlagen war eine mühsame Arbeit. Die beiden Kinder auf dem Bild mussten 1949 um vier Uhr aufstehen und gemeinsam mit den Eltern noch vor der Schule 1200 Stück absetzen. Zu Mittag wurden die Ziegel umgedreht und am Abend eingeräumt. Insgesamt wurden 35.000 Stück geschlagen.

Familie Edelsbrunner aus Mettersdorf

Die tonreiche Erde der Süd- und Südoststeiermark eignet sich hervorragend für die Ziegelherstellung. Nach dem Ziegelschlagen im Frühjahr erfolgten im Sommer die Trocknung und danach der Brand in der Lehmgrube. Bei vielen Bauern der Gegend entstand eine „Loahmlockn", eine Lehmgrube, in der viele schöne Mauerziegel hergestellt wurden.

Familie Lang aus Großsteinbach

Ernte-Impressionen

Hopfenernte in Leutschach. Die Hopfendolden wurden von Hand gepflückt.
Familie Kozel aus Leutschach

Die Qualität des Hopfens wurde vor Ort am Acker geprüft.
Familie Kozel aus Leutschach

Nach der Kürbisernte traf man sich in geselliger Runde zum „Kürbisputzen".

Familie Uhl aus Groß St. Florian

Kartoffelernte anno dazumal.

Familie Sudy aus Oberzeiring

Obsternte beim vulgo Irlippl in Puch bei Weiz. Von hochwüchsigen Bäumen musste das Obst mit hohen Leitern gepflückt werden. Diese Arbeit war nicht ganz ungefährlich.

Familie Ilzer aus Puch bei Weiz

So wurde zur Zwetschkenzeit 1939 der Kaiser-Josef-Platz in Graz beliefert.

Familie Walch aus Brodingberg bei Eggersdorf

Die mit getrocknetem Hopfen gefüllten Säcke werden auf ein Pferdefuhrwerk verladen.

Familie Kozel aus Leutschach

Glossar

Abaschtenleinwand mittelfeine Leinwand neben der groben Rupfenleinwand und der feinen Reistenleinwand

Bär hier: Zuchteber
bauen hier: den Acker pflügen
Beuschl traditionelles Gericht aus der Lunge des Schweins
Biestmilch die erste Kuhmilch nach dem Kalben
Blattlkrapfen Hasenöhrl (in Schmalz gebackene Teigblätter)
Bloch von Ästen gesäuberter Baumstamm
Blodern Blase, Schwellung
Bluttommerl steirische Spezialität aus Blut
brecheln die holzige Ummantelung von Flachs und Hanf wird von der Faser getrennt
Buckelkraxe Rückentrage

dengeln die Sense schärfen
Drischl Dreschflegel

Einleger alte Dienstboten, die nicht mehr arbeitsfähig waren und von Haus zu Haus wanderten, um Essen und Quartier zu bekommen

finsterlat dunkel

Flachs gemeiner Lein, die daraus gewonnene Faser wird nach dem Weben Leinen genannt

Gassler Burschen, die fensterln
Gasslsprüche Sprüche, die junge Burschen beim Fensterln aufsagen
Geppelkraut frisches Kraut
Germ Hefe
Gleck Zufutter auf der Alm, das die Sennerin mit der Sichel schneidet und im Glecktuch am Kopf oder am Rücken heimträgt
Goaß Geiß
Goaßl Peitsche
God, Godl Pate, Patin
Goderl, Goder leichtes Doppelkinn
Gogg eiserner Pfannenhalter
Grammeln ausgelassener Speck des Schweins
Grubenkraut gekochte ganze Krautköpfe wurden in mit Steinplatten ausgelegten Gruben gelagert und waren dadurch sehr lange haltbar
Gsott gekochtes Schweinefutter
Gstanzl Spottgesang

halsen umarmen

hamstern einen Vorrat anlegen; hier: während und nach dem Zweiten Weltkrieg gingen vor allem die Stadtbewohner zu den Bauern, um Lebensmittel gegen Geld oder Wertsachen einzutauschen
Heatrager Hühneraufkäufer
hiaz jetzt
Hoar Flachs

Keuschler Kleinbauer
kemman kommen
Klampferer Kesselflicker
Klump, Klumpat minderwertige Sachen
Kogel Bergkuppe, Hügel
Korn hier: Roggen
Kren Meerrettich
Kukuruz Mais
Kumpf Behälter aus Holz oder Horn, in dem der Wetzstein aufbewahrt wird

Leihkauf Angeld auf den Jahreslohn bzw. gemeinsamer Trunk, der das Dienstverhältnis bestätigt
Leiten, Leitn Hangwiese
Lohstampfe Lederstampfe für die Lederherstellung
losen hören

Mahder Mäher
Mentscher Mädchen
Moar erster Knecht
Muas hier: Mehlsterz
paungazen hier: Krawall machen

Percht Frau Perchta, Sagengestalt
Pfandl Pfanne
Plotschn große Blätter
Putschögeln ein Stockspiel

Ratschen hölzerne Klappern, mit denen die Kinder von Karfreitag bis Ostern das Glockengeläute ersetzen; die Glocken schweigen, da sie der Überlieferung nach alle nach Rom geflogen sind
rachen räuchern
Rein großer Topf, Bratform
Richt Essensgang
Riegel hier: Anhöhe
Roan Rain, Ackerrain, Begrenzungsstreifen zwischen den Feldern
Rübenplotschn Rübenblätter
Rupfen grobe Leinwand

Sauschädeltanz nach der Hausschlachtung wird der Sauschädel vom Hof gestohlen und am Abend gekocht und aufgeputzt wieder zurückgebracht; darauf findet eine „Gerichtsverhandlung" statt, nach der ausgiebig gegessen und getanzt wird
Schaffl Waschtrog
Schipperl hier: Büscherl
schnalzen hier: mit der Peitsche knallen
Schock auch: eine Menge
Schotten aus Buttermilch erzeugter Magertopfen
Schwoagerin Sennerin
schwenden hier: roden, von Sträuchern befreien

Spendling kleine, gelbe, zwetschkenähnliche Frucht

stibitzen stehlen

Stiertreiber lustige Figur beim Almabtrieb; der mit Ruß geschwärzte Bursche versucht vor allem junge Frauen zu umarmen und sie ebenfalls zu schwärzen

Stollwerck die bei Kindern in den 1950er- und 1960er-Jahren sehr beliebten Stollwerck-Zuckerln

Stör die Wanderschaft reisender Handwerker; die Handwerker, die das tun, heißen Störgeher

Tatti Vater

Tommerl Ofensterz

Troad Getreide

Troadkasten Getreidespeicher

Troadfleckerl kleines Weizenfeld

Türkenmehl Maismehl

Uhudler Wein aus Amerikanerreben, die importiert wurden, da in unseren Breiten die Reblaus wütete (besonders um 1860); auch als „Heckenklescher“ oder „Rabiatperle“ bekannt

Viehhalten das Vieh hüten

wachten Totenwache halten

walken kollern, rollen

Weihbrot geweihtes Brot

Weihbrunn Weihwasser

Woaz Mais

Woazriffel Werkzeug, mit dem Maiskörner von der Spindel getrennt werden

Woazgschaler Blätter vom Maiskolben

zeitig reif

Zutzerl Schnuller

zuwigschloffen zusammengerückt

Literatur

Brauner, Franz Anton: Steirisches Brauchtum im Jahrlauf. Graz/Wien 1955.

Dörrer, Anton: Das „Gasslgehn“ ging im „Fensterln“ auf. Innsbruck 1954.

Fischer, Rosa: Oststeirisches Bauernleben. Graz 1906.

Friedl, Inge: Auf der Alm. Wie's früher einmal war. Graz 2002.

Gamerith, Anni: Rund um das bäuerliche Essen. In: Feldbacher Beiträge zur Heimatkunde der Südoststeiermark, Heft 1, 1986.

Gamerith, Anni: Speise und Trank im südoststeirischen Bauernland. Graz 1988.

Girtler, Roland: Echte Bauern. Wien/Köln/Weimar 2002.

Lasnik, Ernst: Von Mägden und Knechten. Graz 1997.

Peter, Ilka: Gasslbrauch und Gasslspruch in Österreich. Salzburg 1953.

Poier, Gudrun: Totenbräuche im Bezirk Voitsberg. Diss., Graz 1985.

Rosegger, Peter: Das Volksleben in Steiermark. Reprint, München o. J.

Schölnast, Christian: Die Bergler. Graz 1993.

Schölnast, Christian: Wie unsere Altvorderen lebten. Graz 1980.

Walter, Sepp: Steirische Bräuche im Laufe des Jahres. Trautenfels 1997.